PROFESSOR:
artesão ou operário?

EDITORA AFILIADA

Coordenador do Conselho Editorial de Educação
Marcos Cezar de Freitas

Conselho Editorial de Educação
José Cerchi Fusari
Marcos Antonio Lorieri
Marli André
Pedro Goergen
Terezinha Azerêdo Rios
Valdemar Sguissardi
Vitor Henrique Paro

Dados Internacionais de Catalogação na Publicação (CIP)
(Câmara Brasileira do Livro, SP, Brasil)

Paro, Vitor Henrique
    Professor : artesão ou operário? / Vitor Henrique Paro. — São Paulo : Cortez, 2018.

    Bibliografia.
    ISBN 978-85-249-2700-3

1. Política educacional 2. Prática de ensino 3. Professores - Educação 4. Professores - Formação profissional I. Título.

18-20154   CDD-371.12

Índices para catálogo sistemático:
1. Professores : Carreira : Qualificação profissional : Educação   371.12

Iolanda Rodrigues Biode - Bibliotecária - CRB-8/10014

Vitor Henrique Paro

PROFESSOR:
artesão ou operário?

PROFESSOR: artesão ou operário?
Vitor Henrique Paro

Capa: de Sign Arte Visual
Preparação e revisão: Agnaldo Alves
Diagramação: Linea Editora
Coordenação editorial: Danilo A. Q. Morales

Nenhuma parte desta obra pode ser reproduzida ou duplicada sem autorização expressa do autor e do editor.

© 2018 by Autor

Direitos para esta edição
CORTEZ EDITORA
Rua Monte Alegre, 1074 — Perdizes
05014-001 — São Paulo-SP
Tel.: +55 11 3864 0111 / 3803 4800
e-mail: cortez@cortezeditora.com.br
www.cortezeditora.com.br

Impresso no Brasil — novembro de 2018

Para as professoras e os professores da Escola Básica

AGRADECIMENTOS

À direção e professores da escola pesquisada, pela cordialidade com que nos acolheram e pela boa vontade com que nos facilitaram o trabalho empírico; Ao Conselho Nacional de Desenvolvimento Científico e Tecnológico — CNPq, cujo apoio financeiro muito contribuiu para a realização desta pesquisa; À Faculdade de Educação da Universidade de São Paulo, em cujo Departamento de Administração Escolar e Economia da Educação esta pesquisa se desenvolveu.

Aos componentes do Grupo de Estudos e Pesquisas em Administração Escolar, da Feusp, que participaram da discussão conjunta da versão preliminar e apresentaram críticas e sugestões: Adriana Watanabe, Ângela Calil, Arthemisa Freitas, Carlos Roberto Medeiros Cardoso, Clayton Diogenes Ribeiro, Edvaneide Silva, Emanuel Meque Antonio, Erik Ribamar dos Santos, Iracema Santos do Nascimento, Maíla Ferreira Borges, Manoel Olegário de Siqueira Neto, Márcia Aparecida Jacomini, Marívia Perpétua Sampaio Souza, Neuza Mainardi, Petter Maahs da Silva, Sandra Regina Brito de Macedo, Silvia Cardenuto, Terezinha Siraque.

São Paulo, setembro de 2018.

Vitor Henrique Paro

SUMÁRIO

Prefácio 13

Apresentação 19

Introdução 25
A razão mercantil, 26; O amadorismo pedagógico, 29

Capítulo 1 Educação enquanto atividade
pedagógica 33
A cultura como objeto da educação, 33; Não há transmissão, mas apropriação, 35; O professor como portador do senso comum, 36; Educação escolar exige saber técnico-científico, 39; A ideologia do "não", 43; "Limites": um discurso muito limitado, 46; Democracia como fundamento de humanidade, 47; Democracia como fundamento pedagógico, 48; A marca

do autoritarismo desde a infância, 50; "Construção do conhecimento"?, 58; Quem trata de políticas educacionais precisa entender de educação, 60

Capítulo 2 Educação enquanto processo de trabalho................................. 63
Produção material e produção não material, 64; Trabalho manual e trabalho intelectual, 65; Elementos do processo de trabalho, 68; O produto da escola, 69; Elementos do processo de trabalho pedagógico, 72; Um objeto de trabalho singular, 73; Trabalho concreto e trabalho abstrato, 74; Trabalho forçado, 76; A relevância do produto, 78; Consciência do processo pedagógico, 80; Em síntese..., 86

Capítulo 3 Quem "trabalha" no processo pedagógico................................. 87
"'Educar' é com a família. Escola só 'ensina'.", 88; O engodo das novas tecnologias, 91; Avaliação, 94; Avaliação no processo, 95; A "cultura" do exame, 96; "Avaliação" externa: um álibi para nada fazer, 97; A singularidade do trabalho educativo, 101; Condições de trabalho, 107; Formação docente, 108; As críticas à "proletarização"

do trabalho docente, 110; O professor não educa sozinho, 112; Qualidade de vida do professor, 113; Identidade profissional, 114; Dignidade, 117; Indignação, 120

Capítulo 4   Conclusões.. 123

Referências... 135

PREFÁCIO

A leitura deste livro de Vitor Paro proporcionou a mim duas densas experiências de reflexão.

A primeira experiência veio acompanhada de certo alívio, ainda que esse alívio pouco tenha diminuído as recentes amarguras. Explico. *Professor: artesão ou operário?* é um livro que permite ao leitor familiarizado com os escritos do autor reconhecer uma obra. Ou seja, este escrito renova e também complementa argumentos defendidos no transcorrer da produção de um ponto de vista "seu", autoral.

Estou certo de que li todos os livros publicados por esse prolífico autor e, no todo, é possível reconhecer que alguns de seus argumentos foram construídos, lapidados, confirmados e adensados no acúmulo de pesquisas que se estruturaram com base nos referenciais teóricos que domina com singular propriedade. Isso edificou "sua" obra. Este livro é parte dela.

Aqui a noção de obra se reporta aos muitos debates ensejados por James Clifford sobre a qualidade e autoridade da escrita etnográfica e diz respeito àqueles autores que escreveram livros que ricamente se complementam com o passar do tempo e, ao mesmo tempo, se renovam com as pesquisas que fundamentam o corpo argumentativo que sustentam.

A experiência de alívio a que me referi logo ao início decorre da constatação que este livro proporciona: de que os professores têm onde buscar referências para recusar a ideia de que o "produto" da escola seja o compêndio de seus conteúdos.

O autor confirma algo que ele mesmo fez questão de sempre ensinar. Renova com mais uma pesquisa sua convicção de que o produto da escola é o ser humano educado.

É o ser humano educado que se configura como pessoa comprometida com a humanidade no seu todo e com a não aceitação da realidade como dado natural, portanto, alguém disposto a desestabilizar desigualdades e iniquidades.

Este oportuno livro é publicado num momento de extraordinário ataque à escola pública.

Tenho pessoalmente me ocupado em compartilhar estratégias de resistência contra os "mercadores de eficiência". São predadores que em nome da racionalidade mercantil, levada às últimas e mais sombrias consequências, operam o desmonte das responsabilidades estatais sobre a educação pública e vendem, literalmente vendem, uma noção de produto baseada em sistemas de ensino.

Divulga-se uma destruidora promessa de "desprofissionalização" da docência.

São fundações e assessorias privadas que se dirigem à sociedade promovendo um "produto" que pode evitar a "contaminação" dos conteúdos tanto pelas opções ideológicas dos professores, quanto pelo despreparo que têm demonstrado no tempo das avaliações em larga escala.

A ênfase no método, na plataforma de conteúdos, no sistema de ensino expressa uma estratégia que alerta os governos para um erro estratégico. Estariam delegando aos professores um protagonismo "desnecessário", uma vez que a efetividade do que chamam equivocadamente de trabalho (e o autor explica em detalhes qual a base conceptual do trabalho) estaria no controle da aplicação desses sistemas, com a consequente aferição de resultados a partir de dois processos. O primeiro que verifica se o professor seguiu o roteiro das plataformas dos sistemas de ensino. O segundo que dialoga com aqueles que tais agentes denominam clientes: os próprios alunos e, principalmente, seus familiares.

Quem é o professor nesse contexto?

Ao apresentar essa questão organizando-a com a própria pergunta (artesão ou operário?), Vitor Paro mostra a força argumentativa que está presente em toda sua obra e que se destaca oportunamente neste livro. O lugar do professor não pode ser evocado com os repertórios de um gerencialismo que reduz sua presença e sua razão de ser ao manejo de materiais, métodos e sistemas.

Isso já vale a leitura. Isso alivia (um pouco) a tristeza dos que assistem às cenas de esvaziamento dos compromissos públicos com a educação pela submissão do Estado aos agentes da razão privada.

Mas eu mencionei duas densas experiências proporcionadas pela leitura desse livro. A segunda tem conexões históricas expressivas.

A organização do Centro Brasileiro de Pesquisas Educacionais (CBPE) a partir de 1956, na órbita dos inúmeros projetos levados a efeito pela grandeza do encontro político entre Anísio Teixeira e Darcy Ribeiro, talvez tenha sido o mais sólido gesto de aproximação entre pesquisa e escola que o Brasil tenha conhecido. Desnecessário lembrar que nem sequer tínhamos o sistema de pós-graduação que temos hoje em dia.

O projeto do CBPE se desdobrava em Centros Regionais de Pesquisa Educacional, os CRPEs.

Dentre os CRPEs, o que foi instalado em São Paulo, na Universidade de São Paulo (USP), foi responsável por momentos luminosos na história social da pesquisa educacional.

Entre o final da década de 1950 e o início da década de 1970, quando o golpe civil-militar desfigurou a razão de ser tanto do CBPE quanto dos CRPEs, a cidade de São Paulo presenciou o encontro de jovens brilhantes que, na sequência, poucos anos após, já seriam reconhecidos como intelectuais de primeira grandeza.

No CRPE de São Paulo se encontraram, por exemplo, Antonio Candido (ainda cientista social), Dante Moreira Leite e o muito jovem Luiz Pereira, que participava do projeto com o incentivo de Florestan Fernandes.

Produziram, no bojo daquela rica experiência, escritos seminais, que mantêm impressionante atualidade.

Candido, por exemplo, escreveu a primeira versão de "A estrutura da escola". Um verdadeiro tratado sociológico que expunha a convicção do autor de que a escola tem algo de próprio, de exclusivamente seu, e que somente se revela se observada de perto, se conhecida de dentro para fora. Já Dante Moreira Leite, concordando com a premissa, escreveu vários textos nos quais argumentava que as palavras *avaliação* e *reprovação* expressavam os aspectos mais desumanos da desigualdade econômica presente na realidade escolar e propunha um padrão de pesquisa que denunciava a inconsistência das métricas, dos *scores*, daquilo que Maria Helena de Souza Patto denomina de "razão psicométrica" (lembrei-me também d'outro texto de Vitor Paro que afirma sem meias-palavras que a reprovação escolar é a renúncia à educação).

Mas Candido e Moreira Leite interagiram também com Luiz Pereira, citado duas vezes neste livro, e sem que tivessem produzido um único escrito conjunto fizeram, todavia, uma obra de referência sobre como estudar a escola, como pesquisá-la e como defendê-la daquilo que a desestabiliza por dentro e por fora.

É interessante lembrar que tanto no CBPE (que funcionava no Rio de Janeiro) quanto no CRPE de São Paulo, a etnografia era apresentada como recurso por excelência da pesquisa em escolas. E, coincidentemente, no que diz respeito às pesquisas com professores, a força argumentativa daqueles jovens repercutia nas pesquisas de Aparecida Joly Gouveia e, assim, no eixo Rio-São Paulo eram produzidos densos estudos que muitas vezes recomendavam a "passagem" da etnografia para a entrevista aberta, exatamente o que fez Vitor Paro nessa incursão na escola pesquisada.

Ou seja, na órbita do CBPE e do CRPE de São Paulo, a etnografia foi dignificada tomando a escola como objeto de pesquisa, e a arte de entrevistar foi especialmente adensada com os novos referenciais que aqueles intelectuais traziam para a pesquisa educacional.

Professor: artesão ou operário? é um livro, portanto, que se localiza dentro de uma obra de referência para os educadores brasileiros, a do autor, e se "posiciona" dentro de uma tradição de pesquisa que ensina a adentrar a escola, a ouvir seus protagonistas e a entretecer todos os fatos e palavras com fios puxados de bases conceptuais críticas e fundamentais para a emancipação dos próprios sujeitos pesquisados.

Espero que muitos, muitos professores, leiam este precioso livro.

Para mim, foi uma imerecida honra prefaciá-lo.

Marcos Cezar de Freitas
Universidade Federal de São Paulo

APRESENTAÇÃO

Este livro apresenta os resultados da pesquisa realizada no período de março de 2014 a fevereiro de 2018, que teve como objetivo geral "estudar a singularidade da ação educativa escolar como processo de trabalho e investigar suas implicações para as políticas educacionais e para a administração da educação fundamental". A metodologia envolveu investigação empírica com trabalho de campo na rede pública de ensino e pesquisa bibliográfico-documental. Teve contornos análogos aos dos procedimentos metodológicos adotados em pesquisas que coordenei ultimamente (Paro, 2000, 2003, 2007, 2011, 2016), merecendo mais ou menos a mesma justificativa e fundamentação teórica, mas adequada obviamente ao objeto de estudo aqui delimitado.

A pesquisa bibliográfico-documental envolveu o levantamento e a análise da literatura não apenas das áreas da Pedagogia, das políticas públicas em educação e da prática escolar, mas também da Economia Política e demais disciplinas e áreas que estudam o processo de trabalho como atividade humana considerada em suas dimensões culturais, econômicas, sociais e políticas. Este campo conta com vastíssima bibliografia que, embora já venha sendo objeto de meus estudos há muito tempo, mereceu uma revisão, contemplando especialmente as obras de inspiração marxista, que me parecem as mais fecundas, mas sem ignorar outros estudos clássicos, desde Adam Smith (2010) até os nossos dias.

Os estudos da área educacional contemplaram por um lado as várias disciplinas que dão fundamento à Pedagogia e à Didática (Filosofia, História, Sociologia, Antropologia, Psicologia, etc.), em busca de subsídios teóricos para a reflexão a respeito da educação, do processo de ensino e do educador como trabalhador. Por outro lado, abarcou também o exame de pesquisas e trabalhos teóricos recentes a respeito das políticas públicas, da administração da escola fundamental e da prática escolar.

A pesquisa privilegiou técnicas qualitativas de análise porque parece ser esta opção a que permite mais adequadamente examinar em profundidade os múltiplos aspectos do objeto em questão. À semelhança de outras investigações que realizei sobre as questões que envolvem a educação escolar de nível fundamental (Paro, 2000, 2003, 2011, 2016), pretendia-se, preliminarmente, realizar pesquisa de campo de cunho etnográfico, nos termos propostos pelas pesquisadoras do Departamento de Investigaciones Educativa do México, Justa Ezpeleta, Elsie Rockwell e Ruth Mercado (cf. Ezpeleta; Rockwell, 1986; Rockwell; Mercado, 1986). Todavia, no início da investigação, constatou-se a desnecessidade de minuciosas observações e de meticuloso acompanhamento de atividades no cotidiano da escola (até pela riqueza e quantidade dos dados já recolhidos em pesquisas anteriores), optando-se por valorizar em maior grau as entrevistas com os educadores escolares. Para isso, utilizou-se um roteiro semiestruturado e flexível de entrevistas. Nessas entrevistas, do tipo semiabertas, adotei uma postura bastante elástica, de modo que o entrevistado discorresse amplamente e sem constrangimentos a respeito do tema solicitado. Além disso, as entrevistas não consistiram apenas na escuta passiva das respostas dos depoentes, mas procurou-se estabelecer um diálogo, antepondo algum tipo de questionamento às informações e opiniões expressas pelos entrevistados. Esse mecanismo, utilizado em estudos anteriores (Paro, 2000, 2003, 2011, 2016) com bons resultados, é recomendado por Michel Thiollent (1987), para quem, não obstante as críticas que podem ser suscitadas a respeito da "imposição de problemática", "é justamente o questionamento que deveria superar a unilateralidade da observação do outro ao permitir uma real intercomunicação" (p. 23-24).

Obviamente, não se tratou de entrar em conflito com o entrevistado de modo a comprometer sua espontaneidade ao se expressar, mas de problematizar algumas de suas falas, aprofundando com ele a reflexão sobre o assunto e verificando suas ponderações diante de posições divergentes (Cf. Paro, 2016, p. 34). Desse modo, o trabalho de campo ensejou não apenas a coleta de opiniões e impressões, mas também a discussão, o questionamento e o levantamento de problemas e de propostas.

A pesquisa de campo realizou-se, em 2016, numa Escola Municipal de Ensino Fundamental (Emef), do sistema público de ensino da cidade de São Paulo. A unidade escolar, aqui chamada de Emef Délio Jardim da Silva[1], está situada em bairro de camada média, localizado na Zona Oeste da Capital, mas que recebe também um bom contingente de estudantes das camadas mais pobres das localidades próximas, funcionando nos períodos da manhã e da tarde.

Embora se trate de texto acadêmico com base em investigação científica, o livro tem a pretensão de ser acessível ao público em geral e contribuir especialmente para a reflexão e a prática dos professores e professoras da escola básica, de cujo trabalho, nunca é demais frisar, depende em grande medida a construção de uma sociedade humana digna desse nome. Ele está organizado em uma introdução e quatro capítulos. Em sua redação utilizei fartamente de trechos de trabalho anterior (Paro, 2015), dispensando-me da utilização das aspas. Na introdução anuncio o tema e enfatizo a importância de estudar a educação enquanto processo de trabalho e a importância da consideração desse estudo para contrapor-se à "razão mercantil" e ao "amadorismo pedagógico" que ameaçam comprometer inapelavelmente a construção de uma educação pública de qualidade. No primeiro capítulo, é apresentado o

---

1. Para manter o sigilo das fontes de informação, o nome da escola bem como o de cada uma das pessoas e localidades envolvidas como objetos de pesquisa são fictícios.

Apresentação 23

conceito de educação e sua consideração como atividade pedagógica, bem como os princípios técnicos gerais relacionados a essa atividade. No segundo, procede-se à análise da educação como processo de trabalho, examinando os elementos que o constituem e que concorrem para sua configuração singular diante de outros tipos de trabalho concreto. A ação de educando e educador como sujeitos que executam trabalho humano é examinada no capítulo terceiro, enfatizando-se o caráter ao mesmo tempo técnico e político dessa atividade. Finalmente, no capítulo 4, são apresentadas as conclusões gerais a que se pôde chegar a partir da investigação.

INTRODUÇÃO

Em instigante trabalho que analisa os resultados desastrosos das reformas neoliberais introduzidas no sistema escolar norte-americano no final do século passado e início deste — reformas que ela mesma ajudara a implementar como secretária-assistente de educação do governo de George H. W. Bush, no início da década de 1990 —, Diane Ravitch (2011) afirma que "a educação é importante demais para entregá-la às variações do mercado e às boas intenções de amadores" (p. 248).

Dificilmente se encontrará na literatura recente sobre políticas públicas algo que sintetize de forma tão aguda as duas grandes ameaças que rondam o direito à educação, ou seja, 1) a razão mercantil que orienta as políticas educacionais e 2) o amadorismo dos que "cuidam" dos assuntos da educação.

Esses fenômenos estão intimamente relacionados e acabam por ser mutuamente determinantes. A *razão mercantil*, ao privilegiar a busca de resultados econômicos, costuma menosprezar os fins educativos, favorecendo encaminhamentos e abordagens que passam ao largo das boas práticas pedagógicas e do conhecimento técnico-científico sobre educação. Por seu turno, a ausência de familiaridade com a pedagogia deixa sem norte os agentes de políticas educacionais, que são seduzidos pelos mecanismos de competição mercantil, na busca de soluções que compensem seu *amadorismo pedagógico*.

A razão mercantil, como a expressão indica, procura reduzir tudo à imagem e semelhança do mercado. No campo econômico, é ela que rege a compra e venda de mercadorias quase sempre visando não apenas a troca de bens e serviços, mas também a apropriação ampliada de tais produtos. O resultado dessa ampliação é o lucro, ou seja, a diferença, em termos de valor econômico, entre o que se comprou e o que se obteve com a venda. O lucro pode ser resultado da mera especulação — quando se vende algo apenas mais caro do que se comprou, sem nenhuma variação no objeto da troca —, como também pode ser o produto de uma transformação das mercadorias no intervalo entre sua compra e sua venda. Neste último caso enquadra-se a produção tipicamente capitalista, em que a compra de mercadorias (força de trabalho e meios de produção), pelo proprietário do capital, tem como propósito a associação entre elas de modo que sejam produzidas outras mercadorias que encerrem um valor maior do que o contido originalmente. O lucro obtido com a venda dessas mercadorias já não é mais o resultado do simples aumento do preço de venda

A razão mercantil

com relação ao de compra, mas sim do acréscimo de seu valor real durante o processo de produção.

Esse acréscimo de valor se dá, como se sabe, porque a força de trabalho agrega às mercadorias que produz um valor maior do que o seu próprio valor, ou seja, aquele que custou ao capitalista. Embora não se trate de reproduzir aqui a demonstração científica desenvolvida por Karl Marx (1983) acerca de como se concretiza a produção de valor sob o capitalismo, é bom ter presente, desde já, que, em nossa sociedade, a razão mercantil está articulada, em última análise, a essa reprodução ampliada do capital, que se faz pela realização do lucro, cujo substrato é a apropriação do valor excedente produzido pelo trabalho.

Todavia, a razão mercantil não se configura apenas quando está imediatamente presente o lucro, mas sempre que se manifestam os mecanismos relacionados à competição, à concorrência e ao supremo mandamento mercantil de levar vantagem em qualquer situação. Nas políticas educacionais, a razão mercantil se faz presente de duas formas básicas: uma diretamente relacionada à resolução de questões econômicas e outra não diretamente relacionada a essas questões, mas que se reporta ao mesmo paradigma no encaminhamento de soluções.

No primeiro caso, estão, por um lado, as políticas que defendem interesses econômicos particulares, e se consubstanciam nas mais variadas formas de "privatização" do ensino, seja por meio do favorecimento direto dos grupos proprietários de escolas particulares, seja pela "adoção dos inexplicáveis pacotes e 'sistemas' de ensino da iniciativa privada, que são adquiridos com dinheiro público para favorecer interesses particulares" (Paro, 2012b, p. 94), seja ainda em medidas que, em detrimento de ações que favoreçam a melhoria das condições de trabalho dos educadores escolares, dão preferência à compra de bens e serviços (computadores, consultorias, avaliações externas, etc.) bem como o estabelecimento de contratos e convênios com empresas, ONGs, fundações, institutos, etc.

Por outro lado, ainda no contexto dessas medidas diretamente econômicas, a razão mercantil também se faz presente quando, independentemente de interesses privados, os responsáveis pelas políticas públicas têm em vista um horizonte mais amplo de crescimento econômico do país, mas — ignorando as razões verdadeiramente educativas ligadas ao direito à cultura e à formação integral do cidadão — amparam-se na teoria do Capital Humano (Blaug; 1975, Becker, 1968; Schultz, 1961a, 1961b, 1973), para proporem e implementarem medidas visando apenas à formação para o mercado de trabalho, para o consumo ou para avançar nas posições dos ranques econômicos nacionais e internacionais.

A outra forma básica em que a razão mercantil se faz presente nas políticas públicas em educação é aquela em que, embora não articulados com os interesses diretamente econômicos, tanto o discurso quanto a prática seguem o paradigma empresarial capitalista. Como afirmou Marx há mais de 150 anos, "o capital é a força econômica da sociedade burguesa que tudo domina" (1977, p. 225), impondo suas regras não apenas no nível econômico, mas em todas as instâncias da sociedade (cf. Paro, 2012a, p. 168-169). Dessa forma, as condutas, as maneiras de agir e de resolver problemas e tomar decisões no âmbito da produção econômica acabam se espalhando por todo o corpo social, servindo de paradigma para as relações humanas e sociais, sejam elas econômicas ou não[2].

Certamente, no campo educacional, essa predisposição haveria de encontrar, no amadorismo e na ignorância pedagógica, solo fértil para vicejar e expandir-se. Assim, os fazedores das políticas educacionais — economistas, políticos, empresários, estatísticos, matemáticos, engenheiros, professores universitários e até profissionais titulados em educação, etc. —, na ausência do conhecimento técnico-científico sobre o fato educativo, não titubeiam em fazer uso, fartamente, dos princípios, métodos e técnicas dominantes no mundo dos negócios, ignorando por completo a especificidade do trabalho escolar e a necessidade de levar em conta sua singularidade na tentativa de fazê-lo efetivo.

O amadorismo pedagógico

Seja em obediência à razão mercantil, seja em decorrência do amadorismo pedagógico dos envolvidos, o que acaba por ficar à margem das questões e das tentativas de solução é a própria educação escolar com tudo o que ela tem de riqueza e especificidade. Ao fim e ao cabo,

---

2. Para uma visão atual desse "paradigma", veja-se a excelente obra de Pierre Dardot e Christian Laval (2016).

como procurei demonstrar em outros trabalhos (Paro, 2010, 2011), apesar de todos parecerem entender de educação, o que acaba orientando tanto as políticas públicas quanto as práticas pedagógicas em nossas escolas é uma espécie de senso comum que ignora séculos de história da educação e de progressos científicos na elucidação da maneira como as pessoas aprendem e na proposição de novas formas de ensinar.

Um dos pontos mais importantes que são obnubilados por essa cegueira pedagógica é a natureza da ação especificamente educativa (ensino-aprendizado). Em termos pedagógicos, ela é vista como mera relação de comunicação, por meio da qual se *transmite* o conhecimento acumulado historicamente. Em termos econômicos, é vista como um trabalho como qualquer outro, ao qual podem ser aplicadas todas as categorias econômicas do ponto de vista tanto do trabalho concreto quanto do trabalho abstrato na produção tipicamente capitalista. Esses equívocos costumam frequentar até mesmo estudos declaradamente críticos que se propõem a reivindicar para a educação e para o trabalhador em educação um tratamento digno e diferenciado em termos de justiça e de importância social.

Com relação à educação e seus fins, o enfoque da crítica às vezes se restringe à preocupação com o chamado "conteúdo", reduzindo o ensino-aprendizado à *passagem* de conhecimentos, os quais, se forem críticos (e em quantidade suficiente), bastam para tornar crítica a própria educação. Essa concepção minimiza, obviamente, a *forma* do ensino (relação entre sujeitos), com seu papel determinante tanto como componente do conteúdo, quanto como mediação que torna possível sua apropriação. Com relação aos educadores escolares, muitos trabalhos críticos se comprazem em reivindicar para os docentes o mesmo *status* do típico trabalhador da produção capitalista, denunciando sua situação de injustiça e exploração e advogando (apenas) os mesmos direitos devidos ao operariado.

É diante desse quadro — que evidencia a necessidade de se abordar com amplitude e profundidade a natureza da ação educativa — que este livro se propõe a examinar a singularidade do processo de produção pedagógico e os desafios que se apresentam para as políticas públicas educacionais e para a administração da escola fundamental.

Capítulo 1

EDUCAÇÃO ENQUANTO ATIVIDADE PEDAGÓGICA

Tendo em vista a tomada de decisões competentes no âmbito das políticas educacionais, uma abordagem cientificamente relevante da atividade educativa que se realiza na escola fundamental exige considerá-la como *ação pedagógica* e como *processo de trabalho*. Neste capítulo enfocaremos a primeira dessas questões.

A cultura como objeto da educação

A consideração da educação como *ação pedagógica* requer uma visão mais rigorosa do próprio conceito de educação, que ultrapasse o senso comum, segundo o qual ela é simples transmissão de conhecimento. Isso é falso, em primeiro lugar, porque o objeto da ação educativa não se restringe ao conhecimento. Se ela tem por fim a formação de personalidades humano-históricas, seu objeto é a *cultura* em sua integralidade: conhecimentos, valores, arte, ciência, filosofia, crenças, tecnologia, direito, enfim, tudo o que é produzido historicamente. Mesmo que fosse possível a "passagem" *apenas* de conhecimentos (e não é, como tem ilustrado a ineficiência de nosso sistema de ensino), isso não resolveria o problema educativo, pois deixaria a população privada do inalienável direito à cultura.

Na escola pesquisada, parece haver uma espécie de insatisfação com relação àquilo que é tido como o conteúdo do ensino. Sônia, professora de Educação Física de Fund. I e Fund. II[3], diz que normalmente o conteúdo é considerado "o que está nos livros didáticos, é o conteúdo que cai no Enem e em vestibulares". Ela acha que, na escola, isso "é importante, mas não nesse grau de importância. Eu acho que o social, o humano, o social vem em primeiro lugar, deveria vir em primeiro lugar. Então, eu exerço o meu papel, a minha ação de professora nessa forma, meio que correndo para um lado que não é o mais comum." Regina, também professora de Educação Física do Fund. I, fica empolgada ao defender um conteúdo que seja muito mais do que o protocolar e se mostra muito preocupada com a formação ética e intelectual dos educandos. Ela não concorda com a diferença que se costuma estabelecer

---

3. Fund. I e Fund. II são formas abreviadas de Fundamental I e Fundamental II, utilizadas para se referir, respectivamente, à primeira (da 1ª. à 5ª. séries) e à segunda (da 6ª. à 9ª. séries) partes do Ensino Fundamental.

entre função de *educar*, atribuída à família, e a de *ensinar*, atribuída à escola. Regina e Sônia são professoras que, nas entrevistas, demonstraram maior conhecimento e consciência das questões sociais e educativas. Não deve ser por acaso que, na observação de suas respectivas aulas, foram também das que evidenciaram uma maneira mais democrática de ensinar e foram aquelas que apresentaram aulas bastante progressistas, formadoras do humano, com metodologia avançada. São também das que reclamam menos e das que veem a escola com menos pessimismo e mais esperança.

A concepção de educação do senso comum é falsa, em segundo lugar, porque na relação ensino-aprendizado não há, na verdade, nenhuma *transmissão*, **Não há transmissão, mas apropriação** seja de conhecimentos, seja de qualquer outro elemento cultural, por parte do educador; o que há é uma *apropriação* de tal elemento pelo educando (Cf. Paro, 2012a, p. 136-137, comentário 26). Ou seja, como já foi sobejamente provado (cf., p. ex., Leontiev, 2004; Piaget, 1971, 1994; Vigotski, 2001; Vygotsky, 1989; Wallon, 1971, 1988, 2007), o educador propicia condições (ensino) para que o educando se aproprie (aprendizado) da cultura. Não há algo *transferido* de um lugar para outro ou da posse de uma pessoa à de outra. Ao apropriar-se do conhecimento (ou de qualquer outro elemento cultural), o educando entra na "posse" deste (que passa a compor sua personalidade viva), sem que este deixe de continuar presente também na personalidade do educador. É assim que se dá, ou que se "constrói", a cognição, efetivando-se a tarefa educativa[4].

A omissão da constatação básica da Didática de que o educando só aprende se quiser tem feito com que a escola, em vez de procurar superar sua incompetência em ensinar, acabe culpando os alunos por não quererem aprender. Assim, a tarefa que à escola cumpre realizar passa a ser desculpa para sua não realização. Ignora-se que a função básica da escola como educadora é precisamente levar os educandos a quererem aprender.

A desconsideração dessa condição da aprendizagem pode ter consequências desastrosas para a efetivação do ensino, mesmo que o professor ou a professora exiba um bom domínio da matéria que se põe a ensinar. Parece ser este o caso da professora Lídia, que leciona História para os estudantes do Fund. II. A observação de uma atividade de Lídia com os alunos na quadra da escola mostrou uma professora pouco dialógica, bastante empenhada em desenvolver seu trabalho, mas ignorando a importância de se colocar no lugar do estudante para atendê-lo em desejos e necessidades. A atividade envolvia a colocação de fichas nas casas de xadrez desenhadas no chão da quadra. Às crianças que se mostravam resistentes

O professor como portador do senso comum

---
4. Voltaremos a este ponto mais adiante, neste mesmo capítulo.

ou que ficavam brincando durante a atividade, Lídia dava broncas e fazia ameaças. "Se eu tiver que te chamar a atenção mais uma vez você não virá à aula de xadrez na semana que vem." Entretanto, a entrevista com Lídia revelou ser ela uma pessoa extremamente simpática e dialógica. Foi possível compreender seu interesse na educação, como veremos mais adiante, no Capítulo 3. Entretanto, a concepção que ela apresenta sobre a relação pedagógica, mesmo tendo concluído o mestrado em Educação há três anos, parece um tanto tradicional. "Eu acho que, hoje, se valoriza muito o aluno e pouco o professor. Acho que a principal coisa para uma escola funcionar é professor." Pergunto: "Não precisa aluno para funcionar?" Resposta: "Precisa, mas o principal é professor, porque aluno sem professor é só creche, é só depósito. [!!!] Se eu não tiver professor..." Reclama: "A prefeitura pensa demais no aluno. Então, tudo é para o aluno, para o bem-estar dele, para o seu aprendizado." Indago-lhe, surpreso: "Será que ela pensa ou finge que pensa? Ela pensa no aluno e bota 35 alunos numa sala!?" Lídia: "Ah sim. Não. Aí ela pensa no aluno, se ela pensasse no professor, ela colocava 20." Replico: "Mas, por que no professor? Para o aluno, 35 é bom!?" Lídia: "Ora, para o aluno, ele está socializando com mais 34."

Na sequência da conversa, procuro mostrar que o que o Estado faz, na verdade, é aplicar menos recurso possível num serviço que atende a população. Lídia concorda, mas diz que, mesmo assim, a prefeitura encontra forma de dar mais vantagens ao aluno do que ao professor, comprando, por exemplo, material escolar, e buscando outras formas de beneficiar os estudantes que provêm das camadas pobres. Na entrevista, não há nenhuma evidência de que Lídia esteja sendo cínica, como poderia parecer à primeira vista, como alguém que, para defender seus interesses egoístico-corporativos, se valesse de qualquer argumentação para salvar seu ponto de vista. De qualquer forma, não deixa de ser espantoso perceber que, mesmo uma professora que se mostra tão empenhada em fazer bem seu papel educativo, consiga ignorar, ou colocar num segundo plano, o interesse do educando e a importância desse próprio educando na realização da função docente.

O que sobressai parece ser a falta de fundamentos pedagógicos e conhecimento político da professora, que tudo indica seja muito comum entre nossos educadores escolares. Falta de fundamentos pedagógicos, porque não lhe ocorre admitir que a razão de ser da escola é o aluno e que tudo que lhe facilita o aprendizado contribui *ipso facto* para facilitar o trabalho do próprio professor. Carência de conhecimentos políticos, porque não percebe que a prioridade na compra de material escolar, computadores e materiais de informática, por exemplo, segue a lógica do mercado e da política, já que os empresários têm acesso ao poder político-governamental e, por meio de lobbies e negociatas, conseguem fazer prevalecerem seus interesses, provocando a compra dos produtos que eles fornecem.

A superação dessa situação exige o abandono do amadorismo dominante em nossa prática escolar e o uso dos recursos oferecidos pela Ciência na compreensão do desenvolvimento biológico, psíquico e social do ser humano. Se o educando só aprende fazendo-se sujeito, se esta é a condição primeira para o aprendizado, então é preciso, para educar, que se conheça e se leve em conta como esse ser se faz sujeito no decorrer de seu desenvolvimento. Para isso, é preciso valer-se do contributo das disciplinas e ciências da educação, apropriando-se do conhecimento técnico-científico necessário à promoção do aprendizado. A Pedagogia é uma matéria teórico-prática como a Medicina. Ela não pode contar apenas com o senso comum e com as "boas intenções de amadores" (Ravitch, 2011, p. 248). Ela precisa apoiar-se nas ciências e nos campos de conhecimentos que lhe dão fundamento e sustentação: Psicologia, Sociologia, História, Didática, Filosofia, Antropologia, Biologia, Neurociência, enfim, todos os esforços que a inteligência humana faz para compreender e promover o aprendizado da cultura. Sem isso, o que se tem é a situação que está aí: uma escola que não ensina.

Educação escolar exige saber técnico-científico

Ana Alice, professora de História no Fund. II, fez licenciatura em História e Geografia na USP. Parece ser uma profissional bastante experimentada, tendo sido professora no Estado, na Prefeitura e já lecionado também em outro estado (Mato Grosso). Diz que gosta da profissão e que quando era criança já dava aula. Nada disso, entretanto, parece contribuir para que sua aula alcance o objetivo do aprendizado dos estudantes. Eis as anotações feitas durante a observação de aula.

> **Observação de aula de História do 7º. C — Professora Ana Alice — 11/04/2016**
>
> Esta é uma classe considerada difícil. Todo mundo fala aos gritos. Uma aluna chega e mete o pé na porta para que a professora vá abri-la. Ela vai calmamente, abre e a aluna entra.
>
> A matéria do dia é feudalismo. Os alunos estão desenhando as partes do feudo: castelo, campos, pontes, moinho, aldeia, igreja. O assunto de hoje é alimentação na Idade Média.
>
> Como a professora não me apresentou, os alunos vêm a minha carteira para perguntar quem eu sou. Um deles vem à porta onde está a professora e pede licença para ir beber água. Parece que ela não permitiu porque o menino foi sentar-se.
>
> É uma grande gritaria, todo mundo fala gritando.
>
> Ana Alice é muito simpática, está sempre sorrindo. Anda pela sala supervisando os alunos, que estão desenhando. Há um aluno dormindo. Ela chega, põe a mão em sua cabeça, diz alguma coisa (que obviamente não deu para eu ouvir por causa do barulho), conversa com ele, procura animá-lo, mas parece que ele está com muito sono mesmo.
>
> O número de meninas é menor do que o de meninos; 10 meninas, 14 meninos.
>
> Os meus ouvidos doem. Eu morreria se tivesse que aguentar por dois dias esse tipo de aula. As crianças gritam com toda a força de seus pulmões.
>
> Um aluno dá murros violentos na tampa de sua carteira. Ana Alice vem e diz que esse rapaz tem problemas, que dorme durante a

aula toda e que a família está dando remédio para ele porque ele é muito violento. Minha avaliação é a de que ele dá murros em reação aos gritos altíssimos dos seus colegas. Pergunto para a professora e ela diz que não sabe.

As crianças continuam gritando e chutando as carteiras e a professora diz que hoje elas estão calmas por causa do desenho. É possível que alguém consiga aprender alguma coisa numa aula dessa?

Ninguém está preocupado em aprender. É uma bagunça total. A atitude dos alunos chega aos limites da selvageria.

Um outro aluno está sentado, tentando estudar alguma coisa, no meio desse inferno.

No (quase) final da aula, as crianças vão saindo aos poucos até a classe ficar vazia. Se a aula começou às 11h05, ela deveria terminar às 11h50. Às 11h45 já não há mais ninguém.

Essa parece ser uma situação sob medida para os conservadores alegarem a necessidade de uma posição dura por parte do professor para impor a disciplina e colocar os estudantes em seu devido lugar. Todavia, mesmo minha fala sobre "limites da selvageria" no momento da descrição da atividade pode ser considerada como contendo resquícios de componentes ideológicos do senso comum com relação ao estereótipo do estudante "comportado" que cumpre sua obrigação de modo passivo, sem dar trabalho ao professor. Obviamente não se trata disso. É muito tentador, diante das condições inóspitas de trabalho, imputar a culpa ao educando, quando o que falta é competência técnica e política para levar em conta suas necessidades e exercer o magistério de forma a produzir o interesse e a atitude de estudo dos educandos. Não se trata, pois, de simplesmente recriminar o aluno, mas de oferecer melhores condições de aprendizado, pela consideração de seus direitos e pela competência pedagógica do educador.

O pior de tudo é que, na entrevista, Ana Alice não demonstra a mínima consciência de que esse tipo de aula é um engodo para a infância e a adolescência das classes oprimidas. Eles não aprendem nada, têm na escola apenas um local de desabafo ou de compensação, talvez, de uma vida familiar provavelmente monótona e tão sem rumo quanto a vida escolar, em que a única coisa que compensa é o contato com seus iguais, outros jovens iludidos pela desconversa da educação pública.

Maria José, professora do Fund. I, é outra docente que se mostra um tanto perdida com relação à solução mais adequada para dar conta da situação em que se apresentam as crianças e se confessa humildemente incapaz de proporcionar a seus alunos aquilo que eles merecem e que ela queria tanto conseguir oferecer.

> Às vezes você prepara uma aula maravilhosa, você gasta tempo na sua casa, você pesquisa, você prepara material, e de repente você não consegue fazer nada daquilo, porque você ficou brigando com aluno, chamando a atenção dele o tempo todo. Você sai frustrada porque você vem com uma intenção de dar sua melhor aula naquele dia, e é uma porcaria, porque você ficou nervosa, você brigou

com aluno, você mandou aluno para a diretoria [...] você vê degringolar tudo aquilo que você construiu.

Essa espécie de desencanto com a função docente devido à resistência dos estudantes em esforçar-se por aprender e atender a determinações dos adultos tem feito com que muitos professores e professoras acabem aderindo às razões do senso comum para propor modos autoritários de ensinar. Todavia, no senso comum se faz um diagnóstico equivocado sobre as razões por que as crianças e jovens das escolas de ensino básico apresentam comportamentos ditos "antissociais". A alegação comum é a de que os adultos deveriam dizer mais "Não!" às crianças, que se comportam de forma errada por culpa da liberalidade com que foram educadas, sem jamais receberem um "não" dos adultos. O grave é que parece haver certo consenso a esse respeito, tanto entre professores e educadores escolares em geral, quanto entre pais e responsáveis pelos jovens na família e na sociedade, a tal ponto que a criança já chega à escola vítima da ideologia do "não" e os próprios pais e mães cobram dos professores tal conduta ideológica. Além disso, incomoda profundamente notar que os discursos sobre o "não" dos autointitulados progressistas se encaixam perfeitamente na opinião sobre o mesmo tema dos mais exacerbados conservadores e autoritários que costumam infestar nossa mídia.

A ideologia do "não"

Não acredito absolutamente que os comportamentos antissociais de "rebeldia", de desobediência e de desrespeito para com o outro, por parte de crianças e jovens advenham do simples fato de os pais e educadores não terem dito "não" a seus filhos e alunos quando crianças. Até porque, em minha (já relativamente) longa vida de pai, de avô, de educador profissional, de pesquisador em escolas públicas, raramente encontro esses tais adultos que não dizem "não". Pelo contrário, o que vejo em abundância, no dia a dia e nas pesquisas empíricas que realizo, são pessoas dizendo "não" às crianças nas mais variadas ocasiões. Raríssimas vezes vejo adultos procurando afirmar a personalidade de seus filhos e estudantes, dizendo um "sim" sincero e emancipador. Onde estão essas pessoas que supostamente produzem crianças desajustadas por serem democráticas com elas?

Trata-se de um assunto delicado porque o simples fato de contrariar os vários sujeitos que lidam com educação e ensino a respeito desse ponto de vista já parece suficiente para esses se sentirem ofendidos e se voltarem ainda mais contra toda argumentação democrática a respeito da relação pedagógica. Essa indignação tem razão de ser e me parece plenamente compreensível. A razão central é que tais educadores estão diante de um fenômeno que é real: de fato, é frequente a existência de crianças e adolescentes que desobedecem às ordens mais razoáveis, que tratam rispidamente e desrespeitam os mais velhos e os próprios colegas, com uso de palavrões, ofensas e até com violência. Tudo isso emoldurado por uma forte recusa em dedicar-se ao estudo ou a qualquer trabalho escolar.

E não se trata apenas da saudável rebeldia própria da juventude que todos nós tivemos e da qual nos damos ao luxo de nos orgulhar. (Embora mesmo aqui haja incompreensões, elas se restringem muito mais aos conservadores de todas as épocas que têm ojeriza ao avanço social e ético.) Não é desse tipo de conduta que estou falando aqui, mas daqueles comportamentos acintosos e inconvenientes que tiram a paciência das pessoas mais progressistas, tolerantes e bem-intencionadas e que as fazem propor medidas que, ao fim e ao cabo, pouco diferem das "soluções" autoritárias dos conservadores. Tenho conversado com professores e pais bem-intencionados que se sentem perdidos diante dessa situação porque não conseguem dialogar com seus educandos. E quando o diálogo não dá resultado, a dedução natural parece ser a de que se deve lançar mão da solução contrária, o autoritarismo.

É, portanto, plenamente compreensível esse impulso "natural" a propor ou aceitar medidas que acabam por negar a subjetividade do educando, mesmo que esta negação não seja intencional e mesmo que disso não se tenha a mínima consciência. Mas não se deve aceitar como certa alguma coisa que é inteiramente contra a boa prática pedagógica. O fato de haver essa espécie de consenso em favor dessa atitude negativista não significa de modo nenhum que esta seja a conduta correta, nem significa que ela tenha fundamento científico.

A esse respeito, o que nos deve chamar a atenção, logo de início, é a semelhança da argumentação dessas pessoas bem-intencionadas com a da direita raivosa que vive a pregar medidas repressivas e coibidoras da autonomia dos educandos em todas as instâncias sociais, políticas e religiosas e por meio de todos os meios de comunicação de massa. Não importa se o discurso vem envolto numa aura de bom senso, com a alegação de que tudo deve ter limites, e que, portanto, é preciso pôr (ou impor) limites à liberdade da criança. "Afinal a criança deve saber desde já que nem tudo é permitido ou possível." "Liberdade sim, libertinagem não." "É preciso ter a medida das coisas."

"Limites": um discurso muito limitado

O discurso dos "limites" no campo conservador procura apenas encobrir a intenção de negar a autonomia do outro e acaba se tornando uma praga moralista que já infesta até a academia, mas que não tem nenhuma base de natureza científico-pedagógica. A autoridade arrogada é quase sempre a própria experiência pessoal. Pessoas autoritárias se gabam em dizer que foram reprimidas quando crianças e que, por isso, são bem-comportadas como adultos. É o caso de se retrucar: "Ora, o fato de você ter sido reprimido não lhe confere autoridade nenhuma para falar de democracia, muito menos de pedagogia." Não deixa de ser estranho, para não dizer melancólico, que, após todo o progresso científico e político verificado na teoria e na prática pedagógicas em toda a história da humanidade, em especial, nos últimos cem anos, ainda tenhamos de suportar a grande "sabedoria" de empreendedores, consultores, administradores de empresas, jornalistas, economistas, estatísticos, padres, pastores, curiosos e charlatães de autoajuda de toda sorte, com a pretensão de terem a solução, *com base em sua experiência pessoal*; e de aceitar passivamente a mesma maldita solução que no decorrer dos milênios sempre significou a desgraça do gênero humano, ou seja, a repressão, a negação do outro.

Democracia como fundamento de humanidade

Os conservadores, quando se arremetem contra a democracia, o fazem procurando reduzi-la a um arremedo do que seria esse conceito pensado rigorosamente. Como se ela tivesse a ver com falta de responsabilidade, com acomodação, desleixo ou qualquer comportamento, individual ou coletivo, que implicasse a falta de esforço, de rigor e de ordem. Em primeiro lugar, é preciso ter claro que democracia não é uma panaceia para a resolução de toda sorte de problemas. Democracia circunscreve-se no âmbito do político, mas a política é muito mais ampla do que comumente se admite. Como característica exclusivamente humana, a política consiste na *convivência entre sujeitos*, ou seja, entre seres humanos, portadores de vontades, de valores e interesses diversos e muitas vezes antagônicos.

A política se faz sob duas formas: o *autoritarismo* e a *democracia*. O autoritarismo é o exercício da política na forma de negação da subjetividade de uma das partes envolvidas. Ou seja, na presença de interesses contrários entre sujeitos (indivíduos ou grupos), uma das partes domina a outra, exercendo seu *poder* de forma unilateral, negando a condição de sujeito (portador de vontade) desta outra e reduzindo-a, portanto, à condição de objeto. Já a democracia é também uma relação de poder, mas não de poder *sobre* o outro, mas de poder *com* o outro ou o poder *para* ambas as partes. A democracia é a política que se faz na *afirmação* da condição de sujeito das partes envolvidas.

A ação democrática fundamenta-se na crença da condição histórica do homem, que se diferencia radicalmente da condição meramente natural dos outros animais. No estado de natureza, os animais se guiam por sua herança simplesmente genética, não podem contar com uma cultura de democracia construída historicamente; por isso não podem ter a liberdade que o homem tem de optar por um diálogo em vez de uma dominação. Os homens não só podem agir democraticamente como precisam, em alguma medida, fazê-lo dessa forma, sob pena de regredir ao estado natural, negando a história e tudo que foi criado para uma convivência que se possa chamar de civilizada e verdadeiramente humana.

A relação entre democracia e educação deve partir, portanto, dessa condição de obrigatoriedade dialógica que é inerente à democracia. Mas, se considerarmos a relação pedagógica do ponto de vista estritamente técnico (não do mero senso comum ou do achismo), ela também participa dessa dependência explícita do diálogo para se

Democracia como fundamento pedagógico

constituir. Em termos técnicos, trata-se do fato, aparentemente óbvio, mas que se respalda em comprovação científica das mais diferentes disciplinas que subsidiam a Pedagogia, de que *o educando só aprende se quiser* (Paro, 2010). Educar-se é apropriar-se da cultura, entendida esta como conhecimentos, valores, crenças, ciências, artes, filosofia, direito, tudo enfim que se diferencia da Natureza porque é produção histórica do homem.

A educação é, assim, processo de fazer-se ser humano-histórico, não se esquecendo que a singularidade deste é sua condição de sujeito, de ser que é dotado de vontade, que se pronuncia diante do real e busca transformá-lo de acordo com seus sonhos e interesses. O que a filosofia e as ciências da educação têm constatado reiteradamente (constatação teórica irrefutável que sintetiza, em certo sentido, toda sua contribuição para a Pedagogia) é que essa condição de sujeito do homem determina a própria forma pela qual ele é educado. Se a subjetividade (condição de sujeito) é o específico do humano-histórico, este só se educa (só apreende a cultura, só aprende algo) se for sujeito, ou seja, se se dispuser a *educar-se*. O próprio trabalho do educador depende, pois, da vontade do educando. Eis o alicerce de toda Didática: *o educando só aprende se quiser*. Levá-lo a querer aprender é a primeira tarefa do educador.

A partir desses pressupostos é muito fácil perceber como o processo pedagógico é um ato essencialmente político. Se há sujeitos envolvidos, há necessariamente a presença de interesses que competem numa relação de *poder*. O poder, em seu sentido social, consiste na capacidade que um indivíduo ou grupo tem de estabelecer, ou determinar, o comportamento de outros indivíduos ou grupos (Stoppino, 1991). Esta é a autêntica relação política. No caso da relação entre educador e educando, trata-se do interesse do primeiro em que o segundo queira aprender e se disponha a fazê-lo. Estamos diante, pois, de uma nítida questão política, que, como vimos, supõe duas formas alternativas: autoritarismo e democracia. Se o educando deve ter preservada (na verdade, reforçada) sua condição de sujeito, então não precisa muito esforço mental para concluir que essa relação política só pode ser dialógica, logo uma relação democrática.

Esta é a forma correta de educar indivíduos que, no decorrer de suas vidas, se portem civilizadamente, ou seja, como pessoas razoáveis, que cultivam o companheirismo, a amizade e são respeitadoras de direitos e deveres. Este é o único modo pelo qual se evita, desde a mais tenra infância, que futuros cidadãos sejam agressivos, violentos ou violadores da subjetividade dos outros. O educador deve ter como norma interagir com o educando, adotando as formas pedagógicas mais avançadas (necessariamente mais democráticas) para levá-lo a perceber os prós e contras de determinada ação e para adotar a forma mais adequada, mais inteligente e mais humana de agir. Isso não é tão simples de fazer. Exige vontade, dedicação, tempo, conhecimento pedagógico e

A marca do autoritarismo desde a infância

predisposição democrática de agir. Exige também (ou pelo menos recomenda) que a formação pregressa do próprio educador tenha levado em conta esses valores e princípios. Esta maneira de agir nunca poderia ser a causa de comportamentos antissociais. Não é, portanto, porque não se disse "não", porque não se agiu autoritariamente que as crianças e jovens têm o comportamento que se costuma censurar. Se as crianças ou jovens tiverem esse tipo de comportamento nocivo, certamente não se pode creditar isso a uma educação democrática. A conduta contrária é que tem muito maior probabilidade de ser a responsável por esse comportamento. Muito provavelmente foi o excesso de "nãos", de restrições, de tolhimento de sua iniciativa e subjetividade e a consequente omissão de uma formação que os fizesse crescer em termos de autonomia que provocou nessas crianças esse modo de agir e de sentir. O autoritarismo pedagógico é que produz seres intimidados, medrosos, violentos, covardes, que, quando adultos, procuram reproduzir essa situação nos que dependem de sua relação, sacramentando "naturalmente" o autoritarismo.

Um mito presente nessa argumentação conservadora é o de que os pais e educadores em geral, hoje em dia, são muito lenientes com seus educandos e muito preocupados em não os contrariar, em não dizer "não". Não é verdade que os pais hoje estejam tão preocupados em não dizer "não". Primeiro, porque é generalizada a conduta do "não"; segundo, porque se está confundindo a omissão, o desmazelo, o deixar solto, o tentar fazer o gosto da criança "para que ela não me amole" ou para "compensar o pouco tempo que passo com ela" com algo parecido a uma educação autenticamente democrática. E aqui não se trata simplesmente de culpar o pai, a mãe, ou a tia, porque esse não é um problema rasteiramente moral, mas em grande medida social: o próprio modo capitalista de produção favorece e engendra a competição, a rivalidade, a dissidência, a hostilidade, a busca do domínio sobre o outro, em todos os espaços da vida e em todas as relações entre pessoas e grupos.

Em suma, o que me parece ocorrer verdadeiramente é algo completamente diferente do que prega o *limitado* discurso sobre *limites*. O problema não está na forma democrática de dizer "sim", mas na quase unânime forma autoritária de dizer "não".

Às vezes a razão pela qual a pessoa defende a repressão não está baseada em nenhuma alegação teórica ou em alguma reflexão pessoal sobre a maneira mais correta de agir pedagogicamente, mas isso tão somente acontece porque ela própria foi reprimida quando criança e, por meio dessa repressão, adquiriu a disposição (Bourdieu, 2015) adequada a esse comportamento. Em sua socialização primária, o homem aprende a introjetar valores, crenças e condutas das pessoas de quem ele depende em seu crescimento biopsíquico e social. Se ele tem uma educação pautada no autoritarismo, ele passa a desenvolver uma espécie de personalidade autoritária que desafia qualquer tipo de moralismo. A pessoa não é má, seu autoritarismo não é no sentido de uma intenção malévola. É antes uma marca em sua personalidade, adquirida com toda a legitimidade que preside a tradicional educação familiar judaico-cristã. Não é de estranhar, portanto, que a imensa maioria da população adulta de uma sociedade autoritária como a nossa tenha como legítimo, como verdadeiro e inquestionável, esse valor relacionado ao tolhimento da vontade dos mais jovens e a imposição de suas ideias e valores de forma não dialógica.

Como afirmam Peter L. Berger e Thomas Luckmann, a socialização primária, ou seja, a primeira socialização, aquela que é experimentada na infância, tem uma força peculiar e incontestável na formação da personalidade do indivíduo.

> Na socialização primária não há *problema* de identificação. Não há escolha dos outros significativos. A sociedade apresenta ao candidato à socialização um conjunto antecipadamente definido de outros significativos, que ele tem de aceitar como tais sem possibilidade de optar por outro arranjo. *Hic Rhodus, hic salta*. Temos de nos arranjar com os pais que o destino nos deu. Esta injusta desvantagem, inerente à situação de ser criança, tem como consequência evidente que, embora a criança não seja simplesmente passiva no processo de sua socialização, são os adultos que estabelecem as regras do jogo. A criança pode participar do jogo com entusiasmo ou com mal-humorada resistência. Mas infelizmente não há outro jogo à vista. Isto tem um importante corolário. Desde que a criança não tem escolha ao selecionar seus outros significativos,

identifica-se automaticamente com eles. Pela mesma razão a interiorização da particular realidade deles é quase inevitável. A criança não interioriza o mundo dos outros que são significativos para ele (sic) como sendo um dos muitos mundos possíveis. Interioriza-se como sendo *o* mundo, o único mundo existente e concebível, o mundo *tout court*. [...] (Berger; Luckmann, 1973, p. 180, grifos no original)

Na sequência desse trecho, os autores falam das consequências dessa socialização nos adultos:

[...] É por esta razão que o mundo interiorizado na socialização primária torna-se muito mais firmemente entrincheirado na consciência do que os mundos interiorizados nas socializações secundárias. Por mais que o sentimento original de inevitabilidade seja enfraquecido por desencantos subsequentes, a lembrança de uma certeza que nunca deverá repetir-se — a certeza da primeira aurora da realidade — fica ainda aderente ao primeiro mundo da infância. A socialização primária realiza assim o que (numa visão retrospectiva, evidentemente) pode ser considerado o mais importante conto do vigário que a sociedade prega ao indivíduo, ou seja, fazer aparecer como necessidade o que de fato é um feixe de contingências, dando deste modo sentido ao acidente que é o nascimento dele. (p. 180-181)

Essa "certeza da primeira aurora da realidade" muitas vezes é muito perversa. Se o indivíduo foi tratado de forma dialógica e democrática em sua infância, essa é a "certeza" que, com muito maior probabilidade, ele vai incorporar em sua personalidade. Será muito mais fácil para ele, quando adulto, adotar posturas democráticas em sua convivência social e, em especial, em seu papel de educador de crianças e jovens. Mesmo nas adversidades — comuns no dificílimo trabalho de levar jovens com vida pregressa pautada pelo autoritarismo a incorporarem condutas de diálogo e de empenho nos estudos —, ele terá muito maior resistência em aceitar uma relação autoritária como opção e conseguirá mais facilmente compreender o caráter desumano e antieducativo dessa relação. Se, porém, ele foi tratado autoritariamente, com uma educação punitiva, e conviveu num ambiente em que o "não" prevalece, certamente esse modo negativo de ser, de pensar e de sentir é que o dominará em seus papéis de pai, de professor, de trabalhador, até de "especialista" em autoajuda.

É portanto plenamente justificável que professores e professoras muito bem intencionados, mesmo detendo uma boa formação pedagógica adquirida em seus cursos de licenciatura e pedagogia, acabem sucumbindo à tentação de apelar para discursos que desmereçam o poder do diálogo e enalteçam a ação repressiva, mesmo que essa expressão venha edulcorada com apelos aos "limites" e à necessidade de dizer "não", como gostam de se expressar os charlatães de autoajuda que se metem a falar de educação do alto de sua "sabedoria" de senso comum. Todavia é preciso estar alerta para o fato de que tal discurso acaba levando água ao moinho dos protofascistas, que inclusive se beneficiam ou beneficiam os poderosos, cujos interesses e ideologia se adéquam muito bem à dominação e ao autoritarismo.

Na pesquisa de campo foi possível verificar casos, como o do professor Aldo, em que uma infância que foi cercada de carinho e de afirmações da própria subjetividade pelos adultos interfere na postura democrática do docente diante de seus alunos. Aldo, professor de Matemática do Fund. II, nunca deu aula para os primeiros anos do ensino fundamental, e quando fala das condutas do professor, parece acreditar que o ensino é o mesmo independentemente das fases de desenvolvimento, ou seja, tem-se a impressão de que esse tema não tem feito parte de suas reflexões sobre ensino. Entretanto, mostra-se bastante carinhoso e dialógico com seus alunos e diz que isso tem feito com que seu trabalho de ensinar seja muito bem-sucedido. Ele conta uma história bastante interessante sobre a forma como aprendeu a ler. Diz que era muito bem tratado por seus pais, mas que estudava num colégio de freiras, muito autoritário, que inclusive fazia uso de palmatória. Ele era considerado um caso perdido pelas freiras, autoritárias, por não conseguir aprender a ler e a escrever. Uma ocasião, a freira que lhe dava aula ficou doente e veio uma professora substituta (não freira). Vendo-o desenhar, ela procurou estimulá-lo, apresentando-lhe um livro sobre Fábulas de Esopo, cheio de ilustrações. Explicou-lhe com carinho como ele poderia fazer os desenhos e compreender o que estava escrito. Ele foi para casa e se dedicou a estudar com tal empenho que aprendeu a ler sozinho, durante um feriado prolongado. Quando voltou e mostrou para a professora que tinha aprendido a ler, esta até chorou de contentamento, e ele contou para os colegas de sala as fábulas de Esopo que ele tinha aprendido pela leitura.

Por esse motivo, Aldo faz crítica ao modo de pensar do senso comum. Segundo ele, no sentido do senso comum, educar diz respeito apenas aos aspectos conteudistas. Nesse sentido, o professor é apenas um informante que passa conteúdos para formar os alunos. Mas, na verdade, o professor tem de ser formador no sentido que lhe dá Paulo Freire, ou seja, ele deve dialogar com seus alunos. Há, portanto, uma troca. "É uma relação dialogal, é uma relação de construção." Diz que ensinar não é apenas dar ordens aos estudantes: "Autoridade tem a ver com respeito e respeito tem a ver com coerência e coerência tem a ver com paixão e com dedicação. [...] Autoridade anunciada é uma autoridade fracassada. [....]" Essa fala de Aldo faz lembrar a afirmação do educador José Pacheco, idealizador e realizador da importante experiência educativa da Escola da Ponte em Portugal:

> Quando me perguntam se a aprendizagem deve estar centrada no conteúdo, no professor, ou no aluno, respondo que está centrada na relação. Na relação entre os alunos, entre os alunos e o saber, na relação entre aluno e professor, na relação entre professores. Aprendizagem é diálogo. O diálogo é policromático. O monólogo é monocromático. (Pacheco, 2009, p. 95)

No decorrer da pesquisa de campo pude ouvir de mais de um educador, quando falava a respeito do conceito de educação, sobre seu papel na construção do conhecimento. Por mais usual que ela seja, considero essa expressão "processo de construção do conhecimento" um tanto inadequada para retratar o processo pelo qual as pessoas aprendem, porque ela dá azo a confusões e mal-entendidos.

"Construção do conhecimento"?

A palavra "conhecimento" pode ser entendida primeiramente como o conjunto de informações, ideias, representações que se tem do real, ou do mundo em nossa volta, como quando se fala em conhecimento científico, conhecimento artístico, conhecimento filosófico, etc., etc. Esse tipo de conhecimento é *construído* socialmente, pela intervenção do homem no mundo, procurando desvendá-lo e criar novos objetos materiais e imateriais. É então que se dá o "processo de construção do conhecimento". A *construção* desse conhecimento não se dá na escola, *como característica identificadora desta instituição*. Embora aí também se possa *produzir* conhecimento novo, não é esta a sua especificidade (a menos que se trate de uma universidade). Assumindo esta acepção da palavra conhecimento, não há, no processo pedagógico, *construção*, mas *apropriação* do conhecimento (e dos demais elementos da cultura). Claro que essa apropriação não se dá de forma "bancária"[5], ela é construída. Mas observe-se que *é a apropriação que é construída*. É, portanto,

---

5. Na concepção "bancária" de educação, "a educação se torna um ato de depositar, em que os educandos são os depositários e o educador o depositante" (Freire, 1975, p. 66).

um processo de *construção* da apropriação da cultura (que carrega em seu bojo o conhecimento). Este conhecimento pode ser acumulado historicamente, pelas mais variadas formas de registro, como livros, filmes, computadores, obras de arte, e tantas outras maneiras de perpetuar sua existência, nunca se esquecendo de uma forma muito especial de registro que é a mente humana.

Mas há uma segunda forma de se entender a palavra "conhecimento". É concebê-la como "ato de conhecer", ou "ato de tomar conhecimento" de algo. Dessa perspectiva, sim, parece inteiramente correto falar no "processo de construção do conhecimento". Aqui, como antes, estamos falando num processo de aprendizagem que é construído. Porque, aqui, falar em construção do conhecimento não significa que se está produzindo conhecimento novo, mas que se está construindo o processo de apropriação desse "conhecimento *produzido* e acumulado", por meio do ato de conhecer. Acontece que, em geral, não se costuma fazer essa distinção, e a expressão "processo de construção do conhecimento" acaba funcionando, em muitos meios, como uma simples frase de efeito. E é dessa confusão, em grande parte (mas não só), que os conteudistas *et caterva* se aproveitam para ridicularizar o construtivismo, dizendo que este faz uma confusão entre contexto de descoberta ou de criação e contexto de transmissão ou de aquisição do conhecimento.

Então, para não dar confusão, em vez de "conhecimento" (como sinônimo de "ato de conhecer" ou de "processo de conhecer"), seria conveniente um termo que não tivesse esse duplo sentido tão disseminado. Penso que a palavra "cognição" seria a mais adequada, porque significa mais fortemente "ato de conhecer" ou "apropriação de conhecimento". Com isso, fica muito apropriado falar em construtivismo, porque, dessa perspectiva, o processo de aprendizagem é um processo de construção. Construção de quê? De conhecimento novo? Não! (Embora não se deva descartar isso também, não é isso *especificamente*.) Na verdade, é construção da personalidade do educando pela *cognição*, pela apropriação da cultura, que é também um processo de construção.

Em síntese, o que a consideração da educação como ação pedagógica possibilita é o convencimento de que a tomada de decisões competentes no âmbito das políticas públicas educacionais não pode ignorar a natureza do processo de ensino-aprendizado, sua especificidade e os conhecimentos técnicos e científicos que o envolvem.

Quem trata de políticas educacionais precisa entender de educação

Mas esse conhecimento não pode estar presente *apenas* nas práticas escolares. Para que estas se desenvolvam a contento é preciso, antes de tudo, que tais saberes orientem as próprias políticas das quais dependem essas práticas. Somente a partir de um conhecimento profundo do fato educativo, os tomadores de decisão poderão conceber e proporcionar condições adequadas ao bom funcionamento da escola e à atividade de seus trabalhadores.

A esse respeito, chega a ser espantosa a falta de conhecimentos técnicos sobre os fatos educativos por parte dos tomadores de decisões e formuladores de políticas públicas na área educacional. Não é de estranhar, portanto, a absoluta ausência de sentido de grande parte das diretrizes que deles emanam. Do que se conhece do meio político-governamental, e sabendo-se dos interesses obscurantistas e mercantis aí envolvidos, pode-se aventar a hipótese de que muitos devem exercer com prazer essa sua mediocridade. Todavia, não devemos demonizar a ação desses políticos. Muitos o fazem de boa vontade, porque não dispõem do conhecimento técnico e das informações necessárias a uma abordagem competente da realidade.

Meu contato pessoal com uma variedade de secretários de educação e outros responsáveis por tomadas de decisões nos escalões superiores dos sistemas municipais de ensino me autoriza a acreditar que muitos agiriam de forma mais progressista se tivessem um melhor conhecimento sobre a educação, sobre suas implicações sociais e sobre a existência de procedimentos didáticos-pedagógicos mais avançados. Na falta desses conhecimentos, apenas acompanham a maré montante da ignorância sobre os assuntos educativos. Todavia, quando lhes é apresentada uma concepção científica da educação, acompanhada de conteúdos teóricos atualizados e argumentos consistentes sobre a área educacional, manifestam admiração e entusiasmo pelo tema, e se mostram interessados em mudar suas atitudes "amadoras" em favor de efetivas transformações na realidade escolar.

Tudo isso reforça a importância de que, na luta por uma escola melhor — em que esta seja arrebatada das mãos de oportunistas comprometidos com a razão mercantil e com o obscurantismo —, se adote uma conduta que, sem menosprezar a importância dos métodos convencionais de enfrentamento, não abra mão da estratégia gramsciana (Gramsci, 1978a, 1978b) da persuasão, que seja fundada em sólidos conhecimentos científicos e filosóficos sobre a realidade educativa e social.

Capítulo 2

EDUCAÇÃO ENQUANTO PROCESSO DE TRABALHO

Além da visão pedagógica apresentada no Capítulo 1, a ação educativa precisa ser considerada também como *processo de trabalho*. O trabalho pode ser concebido, inicialmente, em seu sentido geral, "independentemente de qualquer forma social determinada" (Marx, 1983, v. 1, t. 1, p. 149), ou seja, como "atividade orientada a um fim" (p. 150)[6].

Esse conceito tem um enorme poder de síntese e expressa a própria condição histórica do homem. Trata-se do trabalho como criador de valores de uso[7], trabalho concreto,

---

6. Como se poderá perceber, toda a argumentação a seguir sobre o trabalho humano está fundamentada em Karl Marx (1977, 1978, 1983). Uma explanação menos sumária pode ser encontrada em Paro (2012a).
7. Valor de uso é a propriedade que uma coisa tem de atender a necessidades humanas, ou seja, de ser útil. Por extensão, essa própria coisa é considerada um valor de uso. (Marx, 1983, v. 1, t. 1, p. 45-49)

produtor de coisas úteis, materiais ou imateriais. Como tal, o trabalho é "uma condição de existência do homem, independente de todas as formas de sociedade, eterna necessidade natural de mediação do metabolismo entre homem e natureza e, portanto, da vida humana" (Marx, 1983, v. 1, t. 1, p. 50). Nessa acepção, o trabalho é atividade especificamente humana, pois só o homem é capaz de estabelecer objetivos a partir dos valores que cria e agir guiado por esses objetivos. O ser humano trabalha, portanto, quando produz direta ou indiretamente sua existência, mas também quando usufrui dessa produção, mesmo que o fim em pauta seja o usufruto de algo já produzido ou em processo simultâneo de produção. O trabalho não se restringe, pois, à produção econômica propriamente, mas se expande mesmo para as atividades de lazer. Como atividades adequadas a fins, são trabalhos tanto a execução de uma sinfonia por uma orquestra quanto a oitiva e a apreciação dessa execução pelas pessoas presentes na plateia.

Pode-se referir ao trabalho também de acordo com a natureza de seu produto, seja este material ou imaterial. Fala-se então em trabalho na produção material e trabalho na produção não material. Como os próprios nomes indicam, no primeiro caso se refere ao trabalho que tem como resultado um produto concreto, palpável — uma mesa, um automóvel, um edifício, por exemplo —, enquanto no segundo caso o resultado do trabalho é não tangível, como

Produção material e produção não material

ocorre numa consulta médica, numa apresentação teatral, etc. A esse respeito é preciso estar atento e evitar a confusão que pode advir ao se substituir essas expressões, respectivamente, por *trabalho* material e *trabalho* imaterial. Incorre-se aqui numa imprecisão de linguagem que consiste em confundir o trabalho com o produto dele resultante. O trabalho como realização histórica do homem é uma *atividade* (adequada a um fim) e não há vantagem nenhuma em considerá-lo material ou imaterial. O que pode ser material ou não é seu produto. Somente como metáfora costuma-se chamar de trabalho o resultado de tal atividade, como também se costuma fazer com a força de trabalho que, no senso comum, também é chamada de trabalho. Mas o uso dessa metáfora é muito perigoso porque pode mascarar os conceitos cuja função é dar conta da realidade. É precisamente dessa confusão que a economia política burguesa faz uso quando afirma que o capitalista paga (todo) o trabalho do trabalhador, ao passo que, na verdade, o que ela paga (quando paga) é (apenas) sua força de trabalho.

Logo voltaremos a esses conceitos. Antes, é bom chamar a atenção para a circunstância, mais ou menos óbvia, de

Trabalho manual e trabalho intelectual

que o tema da relação entre trabalho na produção material e trabalho na produção imaterial não deve se confundir com a questão da relação entre trabalho manual e trabalho intelectual. A propósito destes últimos, além de levar em conta a inseparabilidade entre ambos, há que se evitar a valorização de um deles em detrimento do outro. A esse respeito, a educação escolar tem um papel de enorme importância na eliminação de preconceitos de toda ordem que assaltam a formação das crianças. Segundo Rodolfo Mondolfo,

> A tarefa social a cumprir pela educação contra os dois perigos opostos [valorização do trabalho intelectual em detrimento do manual e vice-versa] consiste em dissipar o preconceito dessa antítese entre as duas formas de trabalho e criar a consciência da sua unidade inseparável, pela qual ambas se misturam mutuamente e cada uma implica e contém em si a sua contrária. A intuição dessa unidade apareceu pela primeira vez na antiguidade com Anaxágoras, quando explicou a superioridade espiritual do homem sobre os animais pela posse da mão, ou seja, pela atividade trabalhadora, mediante a qual o homem, ao criar e desenvolver novos meios e condições de existência vai criando-se e desenvolvendo-se a si mesmo como causa e efeito simultâneos do seu próprio progresso espiritual. A concepção de Anaxágoras implica uma ideia unitária e integral do trabalho, que não se pode efetuar manualmente sem a iluminação da inteligência que o inspira e dirige, orientando-o para a satisfação de exigências sofridas e para a adaptação dos meios ao fim proposto; mas que, nesta própria realização consciente, dá ao homem o conhecimento do que está fazendo, cooperando deste modo para a iluminação progressiva da sua inteligência, capacidade inventiva e cognoscitiva. (Mondolfo, 1967, p. 35-36)

Nesse sentido, afirma Mondolfo, "fazer é conhecer; não há, portanto, outro caminho de conhecimento mais eficaz que o trabalho criador" (p. 36). Isso implica reconhecer a completa imbricação da atividade intelectual em todo trabalho manual.

> Qualquer técnica, qualquer trabalho, por humilde que se considere, implica em si mesmo esta condição, ou seja, ilumina-se com uma luz intelectual e cognoscitiva que o incorpora ao organismo total do conhecimento e da ciência humanos, como anel integrante da complexa corrente, relacionada necessariamente com todos os outros anéis e capaz de nos introduzir na contemplação de todo o conjunto. [...] o reconhecimento do trabalho intelectual como parte constitutiva e necessária de todo trabalho material, em forma que não possa se lhe opor como contrário e separável dele, complementa-se com o reconhecimento inverso do trabalho manual como parte integrante e condição necessária do conhecimento intelectual. (p. 37)

Mondolfo enfatiza, então, a unidade inseparável entre um e outro com a consequente impossibilidade da existência isolada de cada um deles, e acrescenta:

> Afirmar e propagar a consciência desta unidade constitui, pois, uma tarefa social da educação. Esta deve criar e consolidar a noção da solidariedade mútua de todos os trabalhos e dar assim a cada um a compreensão de sua posição própria no organismo total do mundo da cultura, e

a possibilidade conjunta de reivindicar sua própria importância e entender a de todas as outras formas de trabalho. Por este meio a cooperação já efetiva de todas as formas de trabalho, ao adquirir consciência de si mesma, se tornará mais eficiente e fecunda em resultados progressivos. (p. 38)

Para a reflexão sobre a educação como processo de trabalho, é importante abordar com maior precisão os elementos que estão presentes em todo trabalho humano, quais sejam: os *meios de produção* (tudo aquilo de que o homem se serve para, por meio do trabalho, realizar um produto, seja material, seja não material) e a *força de trabalho* (a energia humana, física e espiritual, aplicada no processo). Os meios de produção se subdividem em: *objeto de trabalho* e *instrumento de trabalho*. O primeiro consiste em tudo aquilo que se transforma no processo e se incorpora no produto final. O segundo é todo elemento que se interpõe entre o trabalhador e o objeto de trabalho e é utilizado pelo trabalhador para transformar o objeto de trabalho em produto.

Elementos do processo de trabalho

É preciso deixar muito clara a distinção entre trabalhador e força de trabalho que, da perspectiva dos interesses do capital, são permanentemente identificadas como sendo a mesma coisa. Essa confusão precisa ser evitada porque ela tira do trabalhador sua condição de produtor, de realizador. Como se fosse o capital, e não o trabalhador, o autor da riqueza na sociedade capitalista. Como se não fosse pelo esforço de quem derrama seu suor no dia a dia de trabalho, mas por uma mágica do capital que explora a força de trabalho, que existe tudo o que tem valor e que está disponível para usufruto das pessoas. Daí o caráter enganoso e mistificador da ideologia burguesa (impregnada em sua "teoria" econômica), que toma os trabalhadores como "recursos humanos" ou como mero "fator de produção". Corretamente expresso, o trabalhador (sujeito) utiliza sua força de trabalho (sua condição subjetiva) para *realizar* o trabalho. Ele não é, pois, um de seus elementos, mas quem utiliza esses elementos para que o trabalho se dê e o produto se faça.

Esse conceito geral de trabalho se aplica sem nenhuma dificuldade teórica ao processo educativo, desde que não se perca a natureza pedagógica deste.

Em primeiro lugar, há que se ter presente a singularidade do objetivo a que se visa e que deverá orientar toda a atividade. Trata-se da formação de personalidades humano-históricas, por meio do ensino-aprendizado. Se a atividade é de ensino e de aprendizado, tanto o educador quanto o educando são considerados *trabalhadores* que despendem sua energia humana (*força de trabalho*) na realização do *produto*.

O produto da escola

O produto do processo educativo consiste no ser humano educado; por isso, diferentemente do que acredita a pedagogia tradicional, boa escola não é a que dá boas aulas, mas aquela que forma bons cidadãos. Assim, não há nada de errado em se exigir que a escola seja produtiva, desde que a medida de sua produtividade se refira ao *produto* que lhe cumpre oferecer: o aluno educado, ou melhor, a porção de cultura incorporada à personalidade do aluno pela ação da escola (Cf. Paro, 2012a, p. 188-192). Há que se agarrar, pois, à realidade desse produto e desse objetivo, tanto em sua realização quanto na avaliação de sua consecução. Estes são processos muito mais complexos do que produzir certificados que nada certificam ou realizar "avaliações" em larga escala para produzir ranques que nenhum benefício trazem ao ensino.

Nem sempre se tem claro em que consiste verdadeiramente o produto da ação educativa e certamente essa clareza depende da concepção de educação adotada. Para uma visão tradicionalista do processo pedagógico, o produto é a aula, pois supõe-se uma relação "bancária" em que o professor oferece ou passa para o aluno o saber e este o consome (Freire, 1975). Esta concepção é a que vigora, por exemplo, na relação de compra e venda no ensino privado, pois a condição para as mensalidades serem pagas não é que o estudante aprenda nem que ele seja aprovado nos exames, mas que as aulas sejam oferecidas.

Uma concepção interessante a respeito do assunto é a de Luiz Pereira (1967) que, em sua importante obra *A escola numa área metropolitana*, analisa a escola como empresa e procura aplicar aí categorias análogas às da empresa comum. Diz ele:

> [...] Atente-se ao fato de que, na caracterização da escola enquanto empresa, os alunos não são considerados como

clientes de uma empresa que seria formada pelos professores e demais funcionários, nem apenas como "matéria-prima" que essa empresa trabalharia. São, sim, tidos como membros ativos da empresa escolar, *trabalhando* juntamente com outros membros, uma "matéria" constituída por eles próprios. Os alunos aparecem, pois, ao mesmo tempo como membros da empresa escolar, como "matéria" trabalhada por essa empresa e como produtos das atividades da empresa escolar. É esta situação dos alunos que torna peculiar a empresa escolar face a empresas de outros tipos; e que precisa ser levada em conta quando se estuda a escola como empresa. (p. 54, grifo meu)

Referindo-se à "empresa escolar", diz que a ela "compete a *elaboração de certos produtos* — certos estados psicossociais e físicos nos alunos —, a verificação dessa produção, bem como a fixação e o controle das atividades destinadas direta ou indiretamente à produção. [...]" (p. 56) Em conclusão, o autor considera que "a escola primária aparece como uma empresa onde, juntamente com os participantes adultos, os alunos também são membros ativos e não apenas 'matéria-prima' e produto do trabalho escolar." (p. 101, grifos meus)

Percebe-se, assim, o caráter significativo da contribuição de Luiz Pereira, que apresenta uma concepção de produto da escola que não se identifica com a "aula", ou a atividade educativa em si, como supõem o senso comum, a razão mercantil e até mesmo educadores de renome. O produto da "empresa" escola é, em vez disso, o resultado dessa própria atividade, como acabamos de considerar. Ao mesmo tempo, Luiz Pereira vê o educando como verdadeiro trabalhador, e contribui, assim, para a compreensão do caráter singular do objeto de trabalho aí envolvido, como veremos na sequência desta exposição.

Na Escola Délio Jardim da Silva, algumas professoras entrevistadas tiveram dificuldade em estabelecer qual era rigorosamente o produto da escola. Não foi o caso de Sônia, que tem uma boa relação com os alunos e clareza do que ela busca com sua ação pedagógica. Para ela, "o produto final acaba sendo a própria criança, é o produto, que sai da escola". Mas também faz ponderações mais gerais sobre aquilo que, hoje, a escola realmente produz:

> A escola produz e reproduz muito preconceito, a escola produz e reproduz muita violência, a escola produz e reproduz muita coisa boa, muitos laços, os conteúdos mesmo de vestibular, que, querendo ou não, é necessário; por mais que eu não concorde precisa, precisa disso, não tem como negar nossa realidade. São diversos os produtos, acho que ela contribui muito para a formação mesmo da pessoa no período que ela passa na escola todos esses anos, muitas vezes de forma negativa, tanto quanto de forma positiva.

Além dessa singularidade do objetivo que se tem em mira, é preciso, em segundo lugar, estabelecer rigorosamente quais são os elementos do processo de trabalho pedagógico.

Elementos do processo de trabalho pedagógico

Parece não haver nenhuma dificuldade com relação aos instrumentos de trabalho (material escolar em geral, mobiliário, laboratórios, recursos audiovisuais, salas de leitura, prédio escolar, etc.) e a necessidade de sua adequação aos objetivos do ensino. Com relação à força de trabalho, como tanto educador quanto educando são trabalhadores, parece também fácil de estabelecer que ela consiste na energia humana, física e mental, despendida tanto por um quanto por outro. São, todavia, forças de trabalho diversas, a do educador empregada nas atividades que levam o educando a aprender, e a deste utilizada em seu empenho em educar-se.

Já, com referência ao objeto de trabalho, costuma haver resistências em sua identificação, sob a alegação de que

Um objeto de trabalho singular
não se pode aplicar na escola o conceito de trabalho da fábrica ou da produção material em geral. Todavia, o conceito marxiano de trabalho como "atividade orientada a um fim" que acabamos de ver é um conceito de trabalho *em geral*, que faz abstração de toda particularidade, e que, por isso, se aplica a *todo* tipo de trabalho, seja na produção material ou imaterial, seja ele produtor de mercadorias ou não. Assim, uma análise criteriosa da educação como processo de trabalho deve nos levar a concluir que, além da própria cultura — que é processada e se incorpora na personalidade do educando —, o objeto de trabalho por excelência é o educando, pois é este quem se transforma (em sua personalidade viva) para dar origem ao produto. Mais uma vez, é de extrema importância atentar para a

natureza pedagógica da educação, para constatar que não se está diante de um objeto de trabalho qualquer, ou seja, não se trata de mero *objeto*, como acontece na produção material, por exemplo, mas de um *sujeito*. Isso é decisivo quando se trata de tomadas de decisões competentes no âmbito das políticas educacionais.

Além dessa concepção geral do trabalho humano, "independentemente de qualquer forma social determinada" (Marx, 1983, v. 1, t. 1, p. 149), é preciso,

Trabalho concreto e trabalho abstrato

também, considerá-lo como se apresenta hoje, na sociedade brasileira, o que implica verificar as configurações que ele assume no modo de produção especificamente capitalista. Nesse modo de produção, há uma separação histórica entre meios de produção e força de trabalho. Os primeiros — objetos de trabalho e instrumentos de produção — constituem as *condições objetivas de vida*, já que só tendo acesso a eles, o homem pode, pelo trabalho, transformá-los em valores de uso que garantam a produção de sua existência material. Em qualquer sociedade, a classe ou grupo social que detém a propriedade dos meios de produção é que detém também o poder dominante. No modo de produção capitalista, como o próprio nome indica, os meios de produção são propriedade do capitalista. A força de trabalho, por sua vez, é propriedade dos trabalhadores que, por não terem acesso aos meios de produção, precisam vender sua força de trabalho como condição de sua existência.

O capital é a forma social assumida pelo dinheiro que compra meios de produção e força de trabalho com o objetivo de expandir-se, pela apropriação do valor excedente, produzido a partir da associação desses dois tipos de mercadoria. Ao comprar a força de trabalho, o capital paga seu valor de troca[8] e tem acesso a seu valor de uso. Ocorre que o valor de uso dessa mercadoria especial é produzir valor e, além disso, no processo de trabalho tipicamente capitalista, produz, como já anunciamos, um valor maior do que seu próprio valor. Esse valor excedente, denominado mais-valia, é que permite a expansão do capital, fazendo o lucro do capitalista, que constitui o objetivo último desse tipo de produção.

O trabalho que produz mercadorias como valores de uso é o *trabalho concreto*, com as propriedades que vimos quando falamos do trabalho em geral. Mas esse mesmo trabalho, na produção capitalista, assume uma *forma social* específica, em decorrência de constituir consumo da mercadoria força de trabalho. O trabalho produtor de mercadorias, *considerado em sua condição de dispêndio da mercadoria força de trabalho*, é denominado *trabalho abstrato*. É, portanto, esse trabalho que é responsável pela produção de valor, e, portanto, de valor excedente ou mais-valia. Na verdade, como se percebe, é o mesmo trabalho, visto ora como produtor de valores de uso (trabalho concreto), ora como produtor de

---

8. Valor de troca é a forma de manifestar-se o valor econômico de uma mercadoria. No caso da força de trabalho, seu valor de troca, em dinheiro, corresponde ao valor das mercadorias (bens e serviços) que o trabalhador e sua família consomem para manter suas vidas de trabalhadores.

valor (trabalho abstrato). Para os proprietários dos meios de produção, representados pelo capital, o que interessa acima de tudo é o que produz lucro, ou seja, o trabalho abstrato, do qual decorre a mais-valia; o trabalho concreto só lhes interessa como "encarnação" de trabalho abstrato.

Esse conceito de trabalho abstrato (historicamente determinado sob o capitalismo) possibilita compreender a forma peculiar de vigência da razão mercantil nesse modo de produção. O interesse do capitalista, o lucro, se apresenta sob a forma de mais-valia; o interesse do trabalhador sob a forma de salário. Para o primeiro, pouco importa a forma concreta dos bens ou serviços resultantes do emprego de força de trabalho e meios de produção; o importante é que ele possa vendê-los por um valor ampliado. Por isso, seu entendimento de *produtividade* está intrinsecamente relacionado à produção de mais-valia. Assim, do ponto de vista da produção capitalista, "só é *produtivo aquele trabalho* — e só é *trabalhador produtivo* aquele que emprega a força de trabalho — que diretamente *produza mais-valia*" (Marx, 1978, p. 70, grifos no original). O trabalhador, por sua vez, também não precisa ter nenhum interesse direto no tipo de trabalho que exerce, nem no produto daí decorrente, porque o motivo que o leva a vender sua força de trabalho e submeter-se ao capital é o salário que garante sua sobrevivência. Em outras palavras, o trabalho na produção capitalista tem todas as características de um *trabalho forçado*.

Trabalho forçado

Ao senso comum pode parecer chocante a expressão "trabalho forçado" para designar a atividade laboral tipicamente capitalista. Isso porque a ideologia liberal impregna toda a sociedade com o discurso de que o arquétipo do trabalho livre é aquele que se dá sob o comando do capital, por oposição ao labor do escravo, este sim um trabalho forçado. Nada mais enganoso do que essa crença, que se difunde como se fosse uma verdade insofismável. Esse é, na verdade, um dos mais importantes contos do vigário utilizados pelo capitalismo para camuflar a real condição do trabalhador.

No capitalismo, a imensa massa da população, que não tem acesso aos meios de produção, ou seja, às condições objetivas de vida, *não é livre* para escolher a forma de produzir sua própria vida, pois é forçada (por falta de outra escolha legitimada em leis) a vender sua força de trabalho aos proprietários dos meios de produção, ou seja, ao capitalista. Este, como vimos, paga (quando paga) o valor dessa força de trabalho, ou seja, a subsistência do trabalhador, mas não todo o acréscimo de valor criado por ele. Mas, independentemente de ser esta uma relação de exploração, o trabalho é forçado porque, muito ao contrário do que se propala, o trabalhador não exerce essa atividade porque quer, mas porque é compelido, pelas circunstâncias sociais, a fazê-lo. Não sendo seus os meios de produção, não serão seus os produtos plasmados por sua ação. Contudo, para o trabalho ser livre é preciso que não haja a alienação de seu resultado. É livre, neste sentido, o trabalho do indivíduo que, empregando sua força de trabalho e manejando *seus* instrumentos de produção, transforma *seu* objeto de trabalho num novo produto que é *seu*. Aqui, ele exerce seu trabalho livremente, porque quer exercer, ou seja, movido por sua vontade e seu interesse. Ele não é forçado a fazer isso (a não ser pela necessidade natural de produzir sua própria existência).

Não é isso, obviamente, o que acontece ao trabalho subsumido ao capital. Aqui, em virtude da alienação daquilo que o trabalhador produz, não há para este, em princípio, nenhum interesse nos objetos produzidos, ou seja, no resultado concreto de sua ação. Seu interesse é no salário. Configura-se, portanto, a própria prostituição do trabalho humano: o trabalhador é pago para fazer o que não lhe dá prazer. O motivo da ação não é ela mesma ou seu resultado (que não é seu), mas um pagamento extrínseco à própria atividade. Como o trabalhador se relaciona com objetos de produção que são sempre meros objetos, não há necessidade de que ele goste do que faça para que o produto tenha qualidade. Veremos mais adiante que isso tem implicações seriíssimas quando se trata de um trabalho, como a educação, em que o objeto de trabalho é um sujeito.

Em princípio, também essas considerações sobre o trabalho socialmente determinado podem favorecer uma reflexão mais rigorosa a respeito da ação educativa, ensejando uma maior aproximação do problema teórico que envolve este livro. Mas, se a aplicação do conceito de trabalho em geral

A relevância do produto

possibilitou-nos ver com maior clareza o processo ensino-aprendizado, o conceito de trabalho abstrato da produção capitalista só pode fazê-lo por contraste, ou mesmo por franca oposição. Há um antagonismo insuperável com relação ao produto do trabalho útil (concreto) como objetivo da produção. No caso da produção capitalista, o produto do trabalho concreto (uma mercadoria) é apenas uma mediação para a realização do objetivo último do proprietário dos meios de produção, que é a mais-valia. Para a produção pedagógica, entretanto, a razão de ser é o próprio valor de uso produzido pelo trabalho concreto, ou seja, a formação de uma personalidade humano-histórica, como objetivo último da ação educativa. No primeiro caso, *não há nenhum compromisso social ou afetivo com a mercadoria resultante da produção*. Ela é apenas um objeto a ser convertido em lucro em favor dos que comandam a produção. Já no caso do processo educativo, *o resultado é um produto imediatamente útil, relevante individual e socialmente*. Os que comandam a produção (cujo poder se consubstancia no Estado) têm um compromisso com o próprio cidadão, cuja vontade e interesse é componente do próprio Estado.

Esta característica do trabalho desenvolvido na escola empresta uma importância inquestionável à necessidade de que a educação esteja ao encargo do Estado, que deve representar o interesse dos cidadãos, não do capital e dos empresários, cujos interesses são privados e, em grande medida, antagônicos aos interesses universais de cidadania.

Uma constatação que pode intrigar muitos acadêmicos da área educacional pouco familiarizados com a vida no dia a dia da escola é a dificuldade que os educadores têm para compreender a atividade pedagógica como processo de trabalho e, mais ainda, de nomear os elementos desse processo que compõem a ação educativa.

Consciência do processo pedagógico

A conversa travada no trabalho de campo com Lídia, professora de História no Fund. II, ilustra isso de certa maneira. Quando lhe pergunto, por exemplo, se só o professor é trabalhador no processo pedagógico escolar, responde: "Só tem o professor como trabalhador porque quem está em contato direto com o produto é o trabalhador, e, tirando o professor, os outros não estão em contato direto com o aluno." Esse tipo de resposta pode indicar, por um lado, a omissão do aluno como alguém que age, que se envolve e, portanto, participa do processo com sua vontade e seu esforço, numa palavra, com seu trabalho. Por outro lado, a aceitação dessa exclusividade do professor como trabalhador pode ser também uma compreensão pouco rigorosa do conceito de trabalho.

Percebendo isso, no contexto da entrevista, procurei explicar de forma sintética, mas bastante didática, o conceito de trabalho como "atividade orientada a um fim"(Marx, 1983, v. 1, t. 1, p. 150). Após a compreensão do conceito, a partir de uma simples explicação que lhe dei, Lídia consegue perceber cristalinamente o aluno como trabalhador. Ao ser perguntada o que havia de singular no processo de trabalho pedagógico, ou seja, "em que medida o trabalho pedagógico tem alguma coisa única nele que os outros trabalhos não têm", ela responde: "Ele é bilateral. Sob esse ponto de vista, o aluno também realiza trabalho. Dentro da sala, nessa ótica, temos dois trabalhadores."

O que se percebe, portanto, é que a compreensão do trabalho docente fica prejudicada especialmente pela ausência da compreensão crítica do próprio conceito de trabalho humano. Tendo presente a importância do papel do professor na formação da consciência social de seus alunos, esse fato chega às raias do absurdo. Na perspectiva da transformação social, ele não deixa de evidenciar o estado lamentável de nossa educação no que se refere à apropriação científica do real. Se esse imprescindível conhecimento não está disponível para os professores, o que esperar de sua compreensão por parte dos estudantes? Se os próprios educadores não detêm uma compreensão do conceito de trabalho como aquilo que empresta ao homem sua condição histórica, como poderão eles desenvolver em seus educandos essa reflexão de modo que possam fazer-se humano-históricos e contribuir para a transformação social? A estranheza com relação ao processo pedagógico como processo de trabalho, manifestada nas entrevistas pela maioria dos professores entrevistados, em certa medida expõe a dimensão do problema da inconsistência da escola em tratar de questão de importância decisiva para a emancipação intelectual das crianças e jovens que aí acorrem para se formarem como cidadãos.

Para ilustrar quanto o conceito de trabalho está ausente do horizonte do educador escolar, acompanhemos a entrevista com Sônia, professora de Educação Física de Fund. I e Fund. II. Quando lhe foi perguntado o que ela entende por trabalho, o que é o trabalho, ela responde, pensativa:

> Que que é o trabalho... [...] eu penso nisso de trabalho... Nossa! É muita coisa, né. Trabalho... [pausa] Difícil, realmente nunca pensei nisso. [pausa] Mas, o trabalho ele... ele te dá... trabalho, né [risos], ele te dá... [...] Se não dá trabalho, não é trabalho [risos]. Mais ou menos isso que eu quero dizer, mas eu não estou conseguindo. É uma coisa que você tem que, de fato, trabalhar mesmo, mesmo que seja uma coisa mecânica, ou algo mais acadêmico, é uma coisa que te move a ter um produto, assim.

Sônia é um amor de criatura, que não mostra nenhum complexo de inferioridade por não saber um conceito e procura refletir logicamente para chegar a alguma definição. Isso não parece acontecer com todo mundo, que ignora o conceito e resiste a pensar em algum.

Parece muito difícil a pessoa refletir a respeito da *natureza* do trabalho pedagógico. Mesmo explicando detalhadamente, que eu pretendia saber a diferença específica da atividade pedagógica enquanto trabalho, sem ater-me à qualidade ou ao objetivo da educação, Regina, professora de Educação Física do Fund. I, perguntada sobre o que é que o trabalho educativo tem *que é só dele*, responde: "A possibilidade de transformação social." Após novas explicações — inclusive dizendo: "Mas eu quero saber tecnicamente: o trabalho de fazer, não simplesmente o resultado daquilo. No momento em que você está fazendo o trabalho, em que que é diferente você educar de você fazer outro trabalho, por exemplo, plantar cenoura, que é um trabalho também. O que que tem de diferente ali?"—, Regina tergiversa, volta a falar sobre os objetivos e o conteúdo da educação, mas não consegue sequer ensaiar uma resposta objetiva. Após uma paciente e detida explicação dos vários elementos que fazem parte do processo de trabalho, Regina consegue dar alguns passos tateantes, falando por exemplo, da incompletude do produto da educação no momento em que termina a atividade.

Em resposta à mesma pergunta sobre a singularidade do trabalho pedagógico, Maria José, professora do Fund. I, se atém à imprevisibilidade e ao caráter inédito de cada ação do professor com o aluno. Diz que, no caso de um marceneiro, por exemplo, seu trabalho

> é uma coisa mecânica, ele aprendeu a fazer aquilo e ele faz. [...] Mas o professor é diferente, porque cada dia é um dia diferente, não existe um dia como o outro. O meu dia de ontem não vai ser igual o de hoje. Nunca vai se repetir, nunca. [...] Porque hoje um aluno está assim, amanhã ele está diferente, amanhã ele está bem-humorado, amanhã ele chega triste, outro dia ele chega com raiva... Nós também não estamos todos os dias igual. A nossa aula não é igual todo dia, não tem como, nosso trabalho não é uma coisa mecânica. Você tem que estar preparado

para mudança, para adaptações, o nosso planejamento não pode ser engessado.

Já Lídia, professora de História no Fund. II, mesmo não revelando nenhum engajamento excepcional na reflexão sobre trabalho e sociedade, ao aceitar o desafio de discutir o tema na entrevista, consegue dar passos importantes na compreensão do fenômeno. Instada a falar sobre a educação como processo de trabalho, ela diz: "Isso é complicado porque a gente está acostumada a pensar trabalho de uma maneira muito mais estável, e a última coisa que ensino e aprendizado é é estável." Ela acha que o processo de ensino é trabalho, "mas ele não pode ser entendido nas categorias de trabalho que existem, [por exemplo] como um torneiro, fazendo uma peça, a peça não se volta contra ele no torno, ele vai torneando a peça e no final a peça está do jeito que ele quer." Lídia diz que essa é uma analogia que foi feita pelo namorado, que também é professor, e que afirma que "a educação é o único trabalho em que... primeiro, que tem uma interação (não tem interação entre eu e a peça, o torno não é interação, o torno é ferramenta, ponto, igual à lousa), mas, na educação, o seu objeto de trabalho, ele se volta contra você, ele te xinga, ele quer te matar, enfim, porque você trabalha com material humano". Não deixa de ser insólito que o atinar com o caráter singular do trabalho pedagógico apareça precisamente no momento crítico em que o educando se volta contra o educador. Por que não quando é o educando o ofendido ou quando ele se envolve cooperativamente com o processo ensino-aprendizado? É de se perguntar: que educadores somos nós que só atinamos para coisas importantes para a educação quando somos nós os diretamente atingidos?

Ana Alice, professora de História do Fund. II, acha que o processo de ensino escolar é um trabalho como qualquer outro. Em seguida, passa a explicar como é sua atividade de professora, descrevendo, na verdade, uma verdadeira aula do estilo tradicional. Perguntada o que entende por trabalho, ela diz: "Trabalho é uma forma de você conseguir seu sustento, é a forma como você vive, é a qualidade de vida; *eu estudo tudo isso com eles* [grifos meus]." Não deixa de ser irônico, para não dizer trágico, que uma professora de História, que, em tese, deve falar sobre capitalismo, marxismo, feudalismo, etc. com seus alunos, tenha uma concepção tão simplória de trabalho. Mas, sobre os elementos do processo de trabalho que entram no trabalho educativo, Ana Alice avança: "Eu vou dizer que a matéria-prima são meus alunos." Pergunta: "Por quê?" Resposta: "Ah! *Eu* vou transformá-*los* [grifos meus]." Pergunta: "Transformá-los como?" Resposta: "*Eu* vou transformá-los para *eles* serem do bem, naquilo que *eu* penso que é essa relação com o meio ambiente, essa relação com a família, essa relação comigo [grifos meus]." Indagada sobre quem trabalha no processo, responde: "Eu sou mão de obra." Pergunta: O que que é mão de obra? Resposta: "Mão de obra para mim? Todos nós temos que pegar na massa para a gente fazer até essa transformação."

Em síntese, o que o exame do processo pedagógico como processo de trabalho revela, além de sua importância para o entendimento dos objetivos da escola pública básica, é a necessidade de medidas que promovam sua maior compreensão tanto por parte de estudantes quanto por parte de professores. Para os primeiros, deveria ser suposto de toda política educacional responsável a implementação e valorização de currículos e programas que valorizassem o entendimento do processo de trabalho, em sua forma e conteúdo, ou seja, em sua consideração como práxis (histórica), que não só possibilita a vida humana, mas também a determina socialmente. Para os professores, a maior compreensão do trabalho deve incluir, não apenas o seu conceito em si, mas a forma como esse conceito se expressa na prática do educador, com vista à qualificação de sua atividade junto a seus educandos.

Capítulo 3

QUEM "TRABALHA" NO PROCESSO PEDAGÓGICO

Como vimos até aqui, os fundamentos do processo pedagógico são de importância decisiva quando se pretende examinar a educação como trabalho sem obscurecer nem omitir sua característica pedagógica. Assim, será de muita valia, para compreender a educação fundamental como processo de trabalho, reter desde já os papéis que desempenham tanto educando quanto educador.

O educando não desempenha sua função como alguém que simplesmente "apanha" o saber das mãos do educador e o guarda para si. Seu papel não é apenas "ativo" — ou mesmo só interativo, como parecem entender Maurice Tardif e Claude Lessard (2012) —, mas de sujeito. A condição de sujeito aqui é entendida como a característica distintiva do ser humano-histórico diante de tudo o mais. O sujeito não é apenas ator ou agente, mas essencialmente *autor*, senhor de *vontade*, que transforma o mundo, guiado por seus sonhos, seus interesses, sua vontade autônoma. É praticamente uma tautologia, portanto, afirmar que o educando só aprende se quiser, porque é isso que o faz originalmente humano-histórico e é a formação do humano-histórico que se objetiva com a relação pedagógica. Seu aprendizado, portanto, nunca é uma passividade: nem como uma inatividade — adotada pelos métodos mais ultrapassados —, nem como uma atividade de autômato, irreflexiva — como defendem os adeptos de um ativismo acrítico.

Em decorrência disso, também o papel do educador é muito mais complexo do que o que usualmente lhe imputa o senso comum pedagógico. Na visão tradicional, o bom professor é apenas aquele que tem um domínio pleno do "conteúdo" (leia-se: conhecimentos) e consegue dosá-lo e organizá-lo de forma a *transmiti-lo* aos alunos, com pouca ou nenhuma preocupação a respeito de sua capacidade de promover nestes a condição de sujeitos. Isso supõe que os estudantes já venham à escola interessados em aprender, o que está bem longe da realidade, especialmente quando se trata de crianças e adolescentes, em fase de formação de suas personalidades, e que não tenham ainda *aprendido*, por vias educacionais adequadas, a querer aprender.

Um aspecto marcante na fala das professoras entrevistadas, e que retrata a concepção de educação do senso comum, é a diferença que fazem entre "educar", que competiria às famílias, e a de "ensinar", que seria atribuição da escola. Maria José, professora de Fund. I, diz que

"'Educar' é com a família. Escola só 'ensina'."

a importância do professor é toda a importância. É fundamental o professor na vida de um aluno. Porque o professor começa ali na base, ensinando a ler, ensinando a escrever, e o professor, ao longo do percurso escolar da criança, a função dele é ensinar, ensinar e trazer conhecimento para o aluno. Mas o que eu tenho visto hoje, o papel do professor hoje não tem sido só de ensinar, a trazer conhecimento, trazer conteúdo, ensinar o aluno a pensar. Hoje o professor tem sido mais educador do que professor. Educador no sentido de estar ensinando boas maneiras, ensinando que não pode xingar o colega, ensinando que não pode falar palavrão na sala. Coisas que antigamente o professor não tinha que fazer [...] porque o aluno já vinha com essa disciplina, já vinha com esses valores de casa. [...] [Então,] você passa a maior parte do tempo administrando conflitos.

Segundo ela, há

pais e mães não comprometidos com o filho, nem com a educação do filho. Muitas vezes a criança não tem essa estrutura familiar, ou não tem o pai ou não tem a mãe, então... [...] Mas, hoje, essa função, que não era antes do professor, passou a ser. É como se a família tivesse agora delegado, "você vai, além de ensinar o meu filho a ler e escrever, você vai dar educação para ele".

Não deixa de ser insólita essa espécie de pavor que grande parte dos professores têm de "educar" as crianças, nesse sentido de proporcionar bons modos, como se essa função fosse a coisa mais estranha a sua obrigação de "ensinar". Maria José diz que não é papel da escola ensinar valores e condutas: "Acho que não é papel da escola ficar ensinando o aluno a não falar palavrão, que tem que respeitar, que tem que dizer 'bom dia'". Perguntada sobre qual seria a solução, diz que, "sinceramente eu acho que é muito difícil reverter isso". E conclui: "Eu acho que a família é TUDO. É tudo, é a base de tudo."

Também Ana Alice, professora de História do Fund. II, reclama de famílias não estruturadas. Os educadores parecem sonhar com uma "família estruturada" ideal, mas não se dão conta de que isso não cai do céu. Na verdade, levada às últimas consequências, a fala de Maria José (que, tudo indica, é muito comum entre o professorado da escola básica) parece levar a um beco sem saída: a escola precisa que a criança já venha com disposições necessárias para aprender, a família não dá essas disposições; por isso, a escola não tem o que fazer. É de se perguntar: para que então existe escola?

Regina, professora de Educação Física no Fund. I, não reclama da desestruturação familiar, mas menciona a violência doméstica como algo presente. Diz que entre os usuários da Emef Délio Jardim da Silva a violência é muito menor, às vezes apenas velada. Mas diz que nas escolas em que ela trabalhou, o problema de famílias menos estruturadas é muito maior.

Uma questão que costuma ser identificada no seio das famílias refere-se à falta de vigilância dos pais com respeito ao tempo que os filhos ficam diante do televisor ou do computador, com prejuízo para sua dedicação aos estudos.

O engodo das novas tecnologias

Preocupado com o perigo representado pelas novas tecnologias audiovisuais com relação à educação das crianças, o grande educador italiano Lucio Lombardo Radice fazia, em meados do século passado, a seguinte reflexão, que hoje parece ter maior validade ainda, diante das atuais tecnologias da informação a que nossas crianças estão cada vez mais expostas.

> No "vídeo" e na tela, há quem fale por nós, quem enfrente aventuras por nós e quem pratique esporte em nosso lugar: no caráter imediato do espetáculo, tornamo-nos heróis, gênios, campeões, conversadores brilhantes, e tudo isso sem sairmos de nossas poltronas. Ora, especialmente para as crianças, esta situação comporta um perigo bastante grave. Para os pais, o programa de televisão ou o cinema do bairro constituem a solução mais cômoda para o problema da diversão dos filhos à tardinha, problema sério nas grandes cidades, que são cruéis para a infância e a juventude, pois pouco divertimento lhes oferecem. Torna-se necessário, no lugar desta solução, todo um trabalho educativo e organizativo que exige paciência e dedicação, a fim de que os filhos adquiram capacidade e gosto para outros passatempos [...]. Não nos esqueçamos jamais que, mesmo a mais ingênua e mais pueril das *iniciativas* de

nossos filhos, mesmo o mais desastroso dos improvisos deles, mesmo o mais surrealista de seus desenhos vale para sua formação infinitamente mais do que o consumo ocioso e passivo do mais perfeito dos programas de televisão e do melhor dos filmes.

Ou melhor: programa de televisão e filme são *uma coisa* para o menino culto, intelectualmente ativo, capaz de iniciativa, de escolha e de crítica, e são *outra coisa* para o menino entediado, que não sabe como passar o tempo, que passeia o seu ócio na sala de projeções e no quarto da televisão. Como sempre, tudo depende dos seres humanos. (Radice, 1968, p. 74-75, grifos no original)

Em seguida acrescenta:

Cinema, televisão, rádio, toca-discos são possibilidades entusiasmantes da época moderna: aquilo que era antigamente um privilégio de príncipes, um espetáculo exclusivo para reis, um acontecimento cultural destinado apenas a uma reduzida aristocracia, tornou-se agora algo que está ao alcance de todos. O problema, hoje, é o de dar a todos a capacidade de assenhorear-se do patrimônio de cultura, de inteligência de gosto, de conhecimentos, tornado acessível pelos novos meios. E este problema se resolve com os instrumentos tradicionais, *sobretudo com as páginas dos livros* [grifos meus], que podem ser percorridas e repercorridas, que permitem a pesquisa e a meditação, que impõem uma "atenção ativa" e garantem a formação daquela ordem mental, daquela sistematicidade do saber, sem a qual não há crescimento nem desenvolvimento da mente, daquela ordem sem a qual as imagens, os sons, as informações e as ideias permanecem inúteis e apenas passam confusamente pelo cérebro sem nele poderem se situar. (p. 75, grifos meus)

Essa longa citação de Radice, escrita há mais de meio século[9], ajuda a lembrar que não é tão recente assim a discussão a respeito das virtudes e limites das novas tecnologias, bem como dos mal-entendidos relacionados a sua aplicação indiscriminada no campo educacional. As tecnologias (novas e velhas) são produtos do engenho humano que nos oferecem infinitas perspectivas de maior conforto e desfrute, mas não nos isenta do cuidado permanente para que seu uso seja adequado aos fins propostos. Só um pensamento totalmente desprovido de senso crítico pode acreditar que as tecnologias "resolvem tudo". Em educação, também são antigas as ilusões — amparadas no amadorismo pedagógico — de que tudo se resolve pelo uso das "novas tecnologias"; e a razão mercantil tem cada vez mais se valido desse equívoco para vender a maior quantidade possível de mercadorias ao setor educacional, sem outro objetivo que não o lucro. Entretanto, o uso da razão, amparado nos avanços da Pedagogia, recomenda enfaticamente aferrar-se aos fins da educação, fazendo com que as novas tecnologias da informação se submetam a esses fins e se condicionem às estratégias mais adequadas a seu alcance.

---

9. A primeira edição da obra é de 1961.

Por isso, o entusiasmo com as novas facilidades que a tecnologia nos oferece deve, por irônico que pareça, ser acompanhado pela vigilância com respeito aos malefícios que seu uso inadequado pode proporcionar ao desenvolvimento da personalidade de nossas crianças e jovens e ao comprometimento que podem trazer para a educação como formação humano-histórica do indivíduo e do cidadão. Os materiais e processos novos devem facilitar o estreito relacionamento humano entre educadores e educandos, jamais servir para substituí-lo.

Um ponto que deve atrair a atenção cuidadosa daqueles que refletem sobre a educação como trabalho é o que diz respeito à *avaliação* dessa atividade. Avaliar significa, em certo sentido, "aferir o valor de".

Avaliação

Qualquer atividade ou trabalho pode ser avaliado por meio de duas formas. Uma refere-se à atividade em si, enquanto esteja sendo realizada; outra diz respeito aos resultados que essa atividade logra produzir. No primeiro caso, ou seja, avaliar uma atividade em si (aferir o seu valor, saber para que ela "vale") é verificar em que medida essa atividade está contribuindo para alcançar o resultado que se tem em mente. A avaliação, assim, é instrumento imprescindível de todo tipo de administração e só pode (e deve) ser feita no interior do próprio processo. No segundo caso, trata-se de avaliar o *valor de uso* do produto, ou seja, verificar em que medida esse produto apresenta as qualidades que se tinha em mente desde o momento em que se concebeu o trabalho que lhe deu origem.

Do ponto de vista estratégico, a avaliação no processo antecede a avaliação do produto não apenas cronologicamente, mas também em termos de importância. Isso é verdade para todo tipo de empreendimento, mas ganha contornos especiais, e muitas vezes dramáticos, no caso da educação escolar. A não verificação da adequação das atividades aos fins propostos, no momento em que elas se realizam, pode resultar em grandes prejuízos, no caso da produção em geral, pela possível frustração na realização do produto ou pela produção de objetos com defeitos ou imprestáveis para o uso. No caso do ensino, acresce-se a isso o fato de que o produto que se almeja é a própria formação do ser humano-histórico. Quando se está vivamente interessado nesse fim, é claro que se procuram todos os meios de avaliar o processo com o objetivo de fornecer subsídios para que ele seja permanentemente melhorado e promova cada vez mais eficazmente resultados desejados. Não parece ser esse o caso das políticas públicas de educação quando, ao invés de oferecer condições para que o ensino seja diuturnamente avaliado (e melhorado) no próprio processo, preocupa-se apenas em aplicar testes e provas totalmente desvinculadas do trabalho escolar, com o fim de culpar o educando ou seu mestre. Assim, passamos a ter uma cultura do exame, em vez de uma preocupação

Avaliação no processo

central com a qualidade do ensino e do cidadão que por ele passa.

Para o educador José Pacheco (2009, p. 201), "o exame (teste, prova, ou outro nome que derem) é o instrumento de avaliação mais falível que se conhece, e [...] há modos mais confiáveis de avaliar".

A "cultura" do exame

> Um exame é, normalmente, um teste de papel e lápis que *pouco ou mesmo nada avalia*. Só quem não conhece outros e mais confiáveis modos de fazer avaliação poderá defender o desperdício. Eu poderei entender que os leigos sofram com o assunto e abordem a problemática na perspectiva do senso comum. Até poderei entender que, com a diminuição de uma sólida e coerente formação, muitos professores se refugiem na segurança do que conhecem e dominam melhor — qual o instrumento de avaliação que a maioria dos professores aprendeu a dominar (até a exaustão) dos bancos da instrução primária à secretária de docente? Foram fichas, provas, testes, frequências, exames orais e escritos sem conta! Enfim! Facilitismos! Só não consigo entender os responsáveis que insistem na ideia peregrina e facilitista de que poderão se constituir no remédio para todos os males que afetam o sistema educativo.
> Um exame é um mero instrumento de discriminação, de seleção arbitrária, até mesmo de exclusão escolar e social. Por ironia, na tradição acadêmica, o "bom professor" é,

frequentemente, o que consegue os mais elevados índices de reprovação. É evidente a ingênua crueldade das vítimas da rigidez e do acriticismo. Os exames se constituem, não raras vezes, em instrumentos de poder simbólico, *álibis de profissionais irresponsáveis, acomodados, alienados, facilitistas*. (p. 200-201, grifos meus)

Gilda Cardoso de Araújo e Caroline Falco Reis Fernandes (2009, p. 138) chamam a atenção para a necessidade de inserir os "fatores associados aos processos educativos" nas políticas atinentes à avaliação educacional, afirmando:

"Avaliação" externa: um álibi para nada fazer

[...] A intensificação com sobreposição [...] de testes e indicadores é medida desnecessária e insuficiente, pois tem significado, no Brasil, a simples constatação ou mensuração do *fracasso* dos sistemas e instituições educativas sem consequências (fortes ou fracas) em termos de definição de políticas educacionais e/ou planejamento institucional. Ao longo dos anos a avaliação em larga escala no Brasil tem servido apenas para reiterar a baixa proficiência dos estudantes— traduzida como falta de qualidade do ensino ou *insucesso* — bem como para organização de rankings. Numa analogia simplificadora, mas realista, podemos afirmar que a intensificação com sobreposição dos testes em larga escala no Brasil é um processo semelhante a um termômetro que mede a "febre", mas não indica causas tampouco tratamento. (p. 138, grifos no original)

Sônia, professora de Educação Física do Fund. I e do Fund. II, acha que as avaliações externas só servem como estatísticas, não servem absolutamente nada para avaliar o desempenho do professor. "Se você quer avaliar o trabalho do professor, você vem até a escola, não dão uma provinha."

Sobre a improcedência das chamadas avaliações externas em vigor atualmente no Brasil, há uma variedade de trabalhos críticos de boa qualidade. As reflexões feitas por Maria Teresa Esteban (2009) sobre a Provinha Brasil (que se aplicam também às outras avaliações em ampla escala) toca em pontos importantíssimos dessa crítica. Diz ela:

> A leitura cuidadosa do processo instaurado pela *Provinha Brasil* revela sua natureza classificatória, pois não há inserção em escala sem classificação. A existência de níveis de desempenho, nos quais inserir as crianças, incrementa a possibilidade de visibilidade do *outro* — aquele que não corresponde ao modelo idealizado como referência de desempenho a se alcançar —, criando novas possibilidades de exercício do controle autoritário que tradicionalmente percorre as práticas de avaliação. Os *níveis* produzem lugares onde inscrever as diferentes crianças, com os seus diferentes conhecimentos/desempenhos. Porém, reconhecer a singularidade e a pluralidade que expõem a diferença pode ser parte de um processo de sua negação através de sua ordenação e controle. A qualidade como resultado de uma dinâmica excludente não responde às exigências de uma escola pública democrática, a favor das classes populares. (p. 50, grifos no original)

A autora questiona o procedimento de igualar desempenho e aprendizagem, bem como a crença de que tais exames contribuam para a qualidade da educação.

Esse modelo de avaliação externa trata desempenho como equivalente a aprendizagem, e avaliação como procedimento técnico vinculado a mensuração e controle. Realiza-se por intermédio de instrumentos unificados, produzindo resultados organizados em uma escala rígida e previamente determinada, que diferencia, para hierarquizar, contextos, processos, resultados e sujeitos. Sua composição parte de uma relação linear entre exame — processo de coerção, certificação e exclusão — e aprendizagem [...]. A Provinha Brasil é uma nova versão desses procedimentos, que não têm contribuído para o aprofundamento da dimensão democrática da escola, tampouco para a ampliação significativa dos indicadores de qualidade oficialmente estabelecidos [...]. Sua configuração recupera concepções e práticas que, apesar de amplamente criticadas, mantêm primazia na dinâmica escolar e na formulação de políticas públicas. Ignorando a inconsistência entre a proposição do sistema nacional de avaliação e os resultados efetivamente alcançados, mantém a crença de que a mais exame corresponderá maior qualidade no sistema educacional. (p. 50)

Na verdade, é de se questionar até que ponto e em que dimensão existe mesmo essa crença, ou se, na grande maioria das vezes, as "avaliações" externas não existem apenas como álibi para nada se fazer de efetivo para a real melhoria do ensino. Em vez de se tomarem providências com relação a mais recursos para as condições de ensino, desperdiçam-se enormes quantias para a iniciativa privada realizar testes que de nada valem. E a (falta de) qualidade continua eternamente a mesma (quando não pior), desde que esses inúteis exames foram generalizados a partir da década de 1990.

> Os resultados da avaliação externa têm confirmado o que há muito se sabe no cotidiano escolar: ao menos a metade das crianças não está aprendendo satisfatoriamente e, dentre as que têm desempenhos aceitáveis, poucas são as que expressam capacidade de leitura e escrita compatível com o tempo de escolarização. Porém, a compreensão do exame como instrumento de promoção da qualidade pode ser questionada a partir dos próprios resultados do Saeb, pois, após *mais de uma década* de sua realização, com sucessivas mudanças em sua metodologia visando seu aperfeiçoamento, não só não apresentam dados que revelem a ampliação da qualidade do sistema educacional brasileiro, como seus resultados indicam a redução de alguns índices de desempenho [...].(p. 50, grifos meus)

Registre-se, de passagem, que hoje, passadas já quase três décadas da implantação dessas tais "avaliações", o diagnóstico continua exatamente o mesmo traçado por Esteban em 2009. As conclusões da autora, infelizmente, continuam também inteiramente válidas:

Considerando os aspectos aqui brevemente abordados, a Provinha Brasil (*a exemplo de outros exames que compõem o sistema nacional de avaliação da educação*) não reúne as condições necessárias para imprimir melhor qualidade ao processo de alfabetização realizado nas escolas públicas brasileiras. No entanto, pode oferecer minuciosos elementos para a construção de um discurso que, mais uma vez, justifica o fracasso escolar sem conseguir ser parte de um processo de real democratização da escola, em que êxito e desempenho não se confundem. (p. 53, grifos meus)

A singularidade do trabalho educativo

Quando se contrasta a ação educativa na escola pública e o trabalho na produção capitalista, há que se levar em conta a diferença radical que há entre os interesses dos trabalhadores em cada uma dessas situações. Na produção capitalista, como vimos no capítulo anterior, o trabalho é forçado. O trabalhador só se submete a ele porque é sua única opção de acesso aos meios de produção e, portanto, à produção da própria subsistência. Seu interesse é o recebimento de um salário, e tudo o que faz está condicionado a esse interesse. É bem verdade que também ele tem de preocupar-se com a qualidade do valor de uso que produz, mas essa preocupação circunscreve-se aos limites de seu contrato com o patrão. O interesse e a responsabilidade pelos destinos da mercadoria são do capital, nada precisando (ou podendo) fazer o trabalhador. Sua "indiferença" pelo bem ou serviço que produz é tal que, em favor de seu interesse específico por melhor salário, ele pode utilizar (e, em geral, utiliza) sua produtividade como moeda de troca na luta contra o empregador de sua força de trabalho, produzindo mais e melhor, dependendo do salário que lhe é proporcionado.

A coisa é bastante diferente quando se trata do professor, especialmente na escola pública fundamental. Embora ele também tenha o interesse no salário, porque não pode sobreviver sem ele, sua motivação não pode esgotar-se aí, sob pena de sua produtividade ficar seriamente comprometida. O fato de que o aluno só aprende se quiser e de que, portanto, o professor precisa levá-lo a querer aprender exige que este, desde o início, se envolva pessoal e politicamente com seu objeto de trabalho, não podendo consistir num mero executor de tarefas, apenas para conseguir seu salário. Neste sentido, seu trabalho não discrepa apenas do trabalho capitalista, mas, de modo geral, de todo trabalho que permite a seu executor uma relação de exterioridade com o objeto de trabalho[10].

Num trabalho qualquer, o trabalhador (individual ou coletivo) imprime sua ação de transformação no objeto de trabalho, o qual *resiste* de forma passiva (como objeto) a

---

10. Evidentemente, não se trata de ignorar os casos em que, mesmo considerando a exterioridade do objeto de trabalho, o trabalhador pode ter uma relação de intenso envolvimento e interesse no trabalho que desenvolve — o que é muito comum, por exemplo, no campo das artes e das chamadas profissões liberais. Apenas que aqui estou interessado em elucidar a circunstância de que, no caso do professor, esse envolvimento com o objeto de trabalho não constitui mera *possibilidade*, mas uma *necessidade* da produção em pauta, na qual o objeto de trabalho é também "produtor".

essa intervenção, deixando-se plasmar num novo produto. No caso da educação, não. A ação do educador não se dá de uma forma exterior, como quem transforma o objeto de trabalho e este se deixa transformar no produto. Aqui, o educador oferece condições para que o educando aprenda, e este *reage* ativamente, participando *como sujeito* (orientado por sua vontade) da elaboração do produto. Ou seja, como afirmei em outro local, "o fazer do educador não realiza apenas uma ação que resulta num produto. Seu fazer, em vez disso, deve produzir outro fazer (do educando) que realiza a ação que dá origem ao produto desejado, isto é, sua personalidade modificada pela cultura por ele incorporada." (Paro, 2012b, p. 93)

Em virtude de o aluno operar como sujeito, o professor também tem de atuar como sujeito, e mais: como sujeito que dialoga com sujeito. Isso afeta inapelavelmente sua condição de trabalhador, e o coloca diante de questões técnicas inteiramente singulares. É nesse contexto que as determinações técnicas se entrecruzam com as determinações políticas.

Como vimos, o ser humano não é um ser apenas social, mas um ser político, porque, nas relações sociais que estabelece, está suposta a condição de sujeito dos envolvidos. O conceito mais amplo de política refere-se, pois, à atividade humano-social com o propósito de tornar possível a convivência entre grupos e pessoas em sua condição de sujeitos, portadores de múltiplos valores e interesses. (Cf. Paro, 2010)

Observe-se, então, que os professores do ensino fundamental, mais do que uma função técnica, têm de desempenhar uma função política. Ou, expressando de forma mais precisa: *a função técnica contém ela mesma o político*. Além disso, não se trata de *qualquer* ação política, mas da ação política em sua *forma democrática*. A democracia, também em sentido amplo, consiste na atividade política em que a convivência se dá entre sujeitos *que se afirmam como tais*. Há, portanto, o respeito à subjetividade do outro, com quem se *dialoga* em igualdade de autonomia. Esse é, precisamente, o tipo de relação tecnicamente *exigida* para que a atividade pedagógica se efetive. Como vimos, as ciências da educação mostram que sem diálogo não há aprendizado, logo, não há ensino. Em Pedagogia, portanto, a natureza política (democrática) da relação é uma necessidade técnica.

Na pesquisa de campo, o tema foi introduzido aos entrevistados para saber sobre a concepção que têm a respeito das semelhanças ou diferenças entre o trabalho docente e o trabalho capitalista de modo geral. As reações foram as mais variadas, evidenciando a não existência de uma concepção hegemônica a respeito do assunto. Aldo, professor de Matemática do Fund. II, demonstra consciência de que as medidas relacionadas à avaliação externa, à concessão de bônus e remuneração por mérito é uma maneira de alienar o professor e tornar seu trabalho idêntico ao do trabalho forçado da produção capitalista.

Já para Ana Alice, professora de História do Fund. II, "o professor é proletário", pois todo mundo que tem patrão pertence ao proletariado. Evidentemente essa visão de Ana Alice, de que todo assalariado é proletário, é a que prevalece no senso comum. Mas ela é tecnicamente insuficiente para explicar as relações sociais de produção, e discrepa do conceito mais rigoroso da Economia Política. Proletário, ou operário, entendido do ponto de vista da produção capitalista, é aquele que produz diretamente mais-valia, ou seja, não basta ser assalariado, é preciso que ele produza um valor econômico excedente ao valor de sua força de trabalho que é apropriado pelo proprietário do capital. Esse requisito é preenchido no caso do professor de escola privada, em que o dono da escola aplica seu dinheiro como capital, ou seja, compra força de trabalho que deve produzir seu próprio valor mais um valor excedente que é expropriado por quem paga o salário do trabalhador. Isso não acontece, todavia, no caso do professor da escola pública estatal, pois aí não há a produção de um valor excedente que seja apropriado pelo capital. O Estado, ao aplicar dinheiro em escolas e professores, o faz para atender (ou para fazer de conta que atende) a população, não para lançar mão de uma mais-valia produzida pelos servidores da escola. Estes não produzem qualquer mercadoria cujo valor pertenceria ao seu empregador, o Estado. Assim, por mais idênticos que possam ser os conteúdos concretos do trabalho do professor da escola pública e do professor de escola privada, seus trabalhos são subsumidos por relações de produção completamente diversas[11]. Apesar de ser professora de História, e não obstante toda explicação que procurei

---

11. Discuto esse tema com maior detalhe em Paro, 2012a.

oferecer a respeito do conceito de trabalho e dos elementos do processo, foi muito difícil para Ana Alice esboçar uma compreensão mais aproximada do assunto.

Interessante também foi a observação de Lídia, professora do Fund. II, sobre as razões pelas quais o professor não é um operário. "Ele não é operário porque ele é muito autoconsciente. [...] O professor, às vezes, ele não tem noção do alcance da ação dele, o operário tem, e o operário é limitado nesse ponto. O professor não. O professor ele tem um alcance [ilimitado]." Isso porque a ação do professor tem desdobramento na vida do aluno. Essa é, segundo ela, a diferença em trabalhar com seres humanos. Não se percebe na posição de Lídia nenhuma depreciação com relação ao trabalhador operário, como às vezes acontece quando o mestre não quer igualar-se ao operário porque o considera inferior na escala social. Mas também não se trata da visão oposta, comum entre professores com alguma militância política e sindical e que procuram exibir uma postura considerada de esquerda, autodenominando-se proletários e procurando imitar a luta trabalhista destes. Tanto a posição de Lídia, baseada na maior complexidade e imprevisibilidade do trabalho concreto do professor, quanto esta última posição, que privilegia o caráter de classe do agente educativo, apontam de alguma forma para o enriquecimento da compreensão do trabalho docente. Falta a ambas, entretanto, a consciência do componente *político* inerente à atuação *técnica* dos trabalhadores (mestre e discípulo) envolvidos no processo ensino-aprendizado, componente este que marca a singularidade do processo de trabalho pedagógico.

A consideração da ação educativa como processo de trabalho chama a atenção para o cuidado que deve ser dado ao professor como trabalhador do ensino. As questões aqui são bastante numerosas, mas duas podem ser preliminarmente destacadas: suas condições de trabalho e sua formação. No primeiro caso, sobressai a questão do salário, mas esta não é a única, porque, na escola, embora seja o protagonista da função docente, o professor não educa sozinho. A escola é que precisa ser concebida como *educadora*. Contudo, no tratamento dado ao salário do professor é que parece residirem os maiores equívocos e mal-entendidos resultantes da razão mercantil e do amadorismo pedagógico.

Condições de trabalho

Na produção capitalista, a remuneração apenas do valor da força de trabalho (e não de *todo* o trabalho realizado) degrada o vida do trabalhador, mas faz parte da lógica do capital e é coerente com o produto que se busca realizar. O trabalho, mesmo forçado, traz eficiência na produção e concorre para o alcance dos objetivos dos proprietários dos meios de produção. Mas é possível, na educação escolar, seguir essa lógica sem comprometer seriamente o alcance dos objetivos? Pode o educador ensinar de fato, apenas orientado por seu interesse no salário? É possível alcançar maior produtividade por meio de estímulos pecuniários como a chamada "remuneração por mérito"? Parece que estas e outras questões correlatas só poderão ser respondidas considerando as diferenças do processo produtivo que têm lugar na escola em contraste com outros processos produtivos, ou seja, levando em conta a singularidade do trabalho que aí se desenvolve.

A formação docente, por sua vez, é um dos assuntos mais complexos, quando se contempla essa singularidade do trabalho pedagógico. Usualmente, acredita-se que bastam a frequência a um curso superior e a obtenção de um diploma de licenciatura para exercer com qualidade as atribuições docentes. Nessa perspectiva, as referências a uma melhor qualificação se resumem, em grande medida, na apropriação dos conhecimentos relativos aos conteúdos curriculares, às teorias pedagógicas e às metodologias de ensino. Quando, todavia, a partir de uma concepção crítica de educação, se considera seu caráter intrinsecamente político, aparecem questões que não costumam estar presentes nos debates sobre formação docente. Uma das mais relevantes é o fato de que a formação política necessária para se estabelecer um diálogo democrático na relação pedagógica inicia-se na infância. É desde a mais tenra idade, iniciando-se pela socialização primária (Berger; Luckmann, 1973), mas prolongando-se por toda a fase de desenvolvimento biopsíquico-social da criança e do adolescente, que se assimilam valores e condutas que formarão personalidades mais, ou menos, democráticas.

Formação docente

O que fazer, portanto, quando se sabe que o primeiro contato formal com "preparação" docente do professor se dá na educação infantil e no ensino fundamental? Parece que essa é uma boa indagação para se refletir mais intensamente sobre qualidade do ensino nesses níveis, em que se dá parte importante da própria *formação pedagógica* de seus futuros professores (Cf. Paro, 2003). Mas, o que introduzir, já, na formação docente (regular e em serviço) em termos de medidas que concorram para neutralizar os vícios autoritários trazidos para o ensino superior ou para a prática docente dos que exercem a profissão, e ao mesmo tempo desenvolver virtudes democráticas condizentes com o ofício de educar?

A boa formação do professor inicia-se no berço e prolonga-se durante o ensino fundamental. É aí que se criam os piores vícios que o professor exibe em sua atuação profissional, e onde, em geral, se perde a oportunidade de formar uma personalidade bem estruturada, como ser humano-histórico, condição primeira (embora não a única) para o bom exercício da pedagogia. Minhas pesquisas empíricas nas escolas têm-me convencido de que o professor não aprende seu autoritarismo, por exemplo, no curso de Pedagogia, ou nos livros que leu para sua formação como pedagogo, mas muito antes, durante sua própria educação pessoal. Os cursos de formação de professores têm até procurado ensinar bons métodos e bons princípios pedagógicos que raramente chegam às escolas. E não chegam, ou porque o futuro profissional não vai ser educador escolar (pelo baixo salário que receberia), ou porque, ao assumir sua prática nas escolas, "esquece" tudo o que "aprendeu" em sua formação pedagógica (diante das condições em que se apresenta nossa escola, organizada para ser, em tudo, antieducativa). Por isso, penso que uma política urgente de formação de educadores deve incidir preferencialmente sobre o educador que já está em exercício, mais do que na formação de um possível (possibilidade às vezes remota) futuro educador que se pretende preparar hoje nos cursos de formação de educadores, sem qualquer vinculação mais estreita com a prática cotidiana da sala de aula. Mas essa formação "em serviço" não pode seguir o velho estilo tradicional e sim ser objeto de uma política pública que vise de fato a transformar a própria escola[12].

Além do exame da aplicação da razão mercantil na escola, que o estudo da educação como processo de trabalho possibilita, é oportuno também analisar o tipo de crítica que normalmente é feita a essa aplicação.

As críticas à "proletarização" do trabalho docente

São muitas as facetas dessa crítica, mas uma que se destaca é a que se refere ao papel de trabalhador do professor da escola pública fundamental. Na década de 1980, na primeira vez em que me ocupei do caráter específico do trabalho docente (Paro, 2012a[13]), alguns estudos já tinham se

---

12. Desenvolvo esse tema com maior detalhe em meu livro *Crítica da estrutura da escola* (Paro, 2011), especialmente p. 155-182.
13. A primeira edição é de 1986.

ocupado do tema (Arroyo, 1985; Mazzotti, 1979; Sá, 1986; Saviani, 1984), uns aceitando essa especificidade, outros a rejeitando. Todavia, tanto na academia, quanto nas entidades sindicais de professores, parece haver uma lacuna nos discursos críticos acerca do modo como se dá o trabalho docente no ensino público fundamental, que consiste na não consideração da singularidade do trabalho educativo do modo como é tratado neste livro.

As análises, em geral, se ocupam longamente da crítica ao modo capitalista de produção, à alienação do trabalho inerente a esse modo de produzir, e, diretamente ou por analogia, à opressão sofrida pelo trabalhador da educação quando subsumido à lógica mercantil capitalista. Sem dúvida, a adoção de mecanismos de mercado no recrutamento, na contratação e na gestão do trabalho de professores e demais educadores escolares é um dos aspectos mais insólitos das atuais políticas educacionais baseadas na gestão empresarial. Para a crítica dessa tendência, o estudo da habituação (forçada) do trabalhador ao modo de produção capitalista é essencial para identificar importantes forças que atuam no desempenho e no moral dos professores da escola básica. Não é, contudo, suficiente para elucidar a complexidade do trabalho docente. É preciso, além disso, ter presente a singularidade da ação educativa, que só se faz com o exercício da condição de sujeito dos envolvidos.

É preciso, portanto, evitar certo tipo de crítica que, não conseguindo se desapegar de jargões contra o neoliberalismo, acabam restringindo sua análise aos fatos do mercado, deixando de ultrapassar os limites estabelecidos pela própria razão mercantil. Ignora-se, com isso, que a adoção de padrões capitalistas de gestão traz consequências funestas não só para os interesses do trabalhador, mas também para a efetivação do ensino. É dupla, pois, a violência da aplicação da gerência capitalista na escola. Ou seja, mesmo depois de plenamente estabelecido o caráter deletério da utilização da "fúria gestionária" no trabalho de modo geral, com seu contributo degradante para o trabalhador, ainda é necessário considerar a singularidade do trabalho docente e os entraves que a desconsideração dessa singularidade opõe à efetivação da educação.

Em termos políticos, o estudo da educação como processo de trabalho e a consideração de sua singularidade democrático-pedagógica implica acreditar que a educação, ela mesma, possui predicados poderosos que podem ser apresentados como razões fortes contra a "fúria gestionária" que se abate sobre as políticas e a administração da educação e que é movida pela razão mercantil e pelo amadorismo pedagógico.

Se o ofício docente é equiparado a outro ofício qualquer, quando a atividade fracassa, não alcançando os resultados esperados, a culpa é quase sempre atribuída unicamente ao trabalhador (no caso, o professor) que não é qualificado ou que não se dedica a sua função. Isso tem funcionado como álibi ao Estado, para responsabilizar os docentes em lugar

O professor não educa sozinho

de garantir condições objetivas adequadas ao trabalho do magistério. Contudo, é preciso considerar que o professor não educa sozinho. Se ele fosse o responsável único pelo ensino, não haveria necessidade da escola. O estudo da atividade docente como processo de trabalho possibilita a explicitação da singularidade dessa atividade e a compreensão de seus múltiplos determinantes e implicações, de modo a permitir a compreensão de que a função educativa escolar não depende apenas do professor, mas de toda a estrutura e funcionamento da escola, trazendo importantes subsídios sobre as condições de trabalho que precisam ser oferecidas para que a educação, de fato, se realize.

Um ponto que sobressai no oferecimento dessas condições é o que se refere ao tipo e à qualidade de vida que o professor pode usufruir com o que ganha no desempenho de seu ofício. Se, como vimos, o salário não pode constituir a razão de ser da atividade do mestre educador — porque a complexidade de sua função lhe exige um envolvimento *sui generis* com o educando em sua formação, motivo último de seu ofício —, então seu salário precisa ser tão justo e compensador, de tal modo que isso nem sequer seja motivo de preocupação, estando ele livre e tranquilo para realizar seu trabalho, voltando-se para os interesses que de fato contribuem para a boa realização de seu produto.

Qualidade de vida do professor

Uma das aplicações mais questionáveis dos procedimentos da administração mercantil na escola é o controle que se faz do trabalho do professor. Na empresa capitalista, a gestão de pessoal consiste no controle do trabalho alheio. Esse controle heterônomo, exterior ao trabalhador, faz sentido onde o trabalho é forçado, como no caso do operário típico da empresa capitalista, mas que, como vimos, não é o caso do trabalho pedagógico. Entretanto, grande parte dos professores não conseguem perceber essa diferença e concordam com as tais remunerações por mérito disseminadas pela razão mercantil que domina nosso ensino. É o caso, por exemplo, de Maria José, professora do Fund. I, que diz concordar com a avaliação em larga escala e também com os ranques porque acha que o pagamento de bônus é uma forma de estimular o professor. Percepção oposta é a de Sônia, professora de Educação Física, Fund. I e II, que, sobre as avaliações de mérito, ri debochada e diz: "Ai, eu acho um absurdo, porque, cara, você não sabe, quem de fato é merecedor por ela; merecedores deveriam ser todos que estão aqui diariamente fazendo um trabalho humano com as pessoas." Por quê? "Porque é mentira, aqueles dados não são verdadeiros." Também Regina, professora de Educação Física do Fund. I, não concorda com a remuneração por mérito porque, segundo ela, a educação é muito mais complexa do que o sistema supõe.

Identidade profissional

É precisamente essa complexidade da educação que carece ser levada em conta quando se pretende uma coordenação do esforço humano (individual e coletivo), que favoreça o trabalho livre do educador e seu imprescindível compromisso com a subjetividade do aluno. É preciso, pois, superar as inspeções autoritárias e essas odiosas "remunerações por mérito", por meio de motivações intrínsecas ao próprio trabalho que o professor realiza, implementando, ao mesmo tempo, formas de supervisão de estilo dialógico e cooperativo entre os docentes, mais consentâneas com a própria atividade pedagógica que exercem.

Pela natureza do ofício que exerce — que não pode reduzir-se à simples busca do salário, mas envolve o compromisso do sujeito que trabalha com seu objeto de trabalho que é, também ele, um sujeito —, o professor precisa ser capaz de se identificar com sua profissão para que o trabalho possa ser realizado com eficácia. Essa questão não é nova e, já na década de 1960, Luiz Pereira (1967) fazia interessante análise a respeito da situação do professor diante de sua profissão. Falando da "identificação do professor com os padrões e valores ideais da profissão que exerce" (p. 84), diz ele:

> [...] Ora, é precisamente essa identificação que vem faltando, dado que os professores não mais se apegam a todos os padrões e valores componentes da representação ideal tradicional do seu cargo, e nem a todos os padrões e valores integrantes da formulação burocrática do magistério primário, constante do Regimento. Nesse sentido, os desvios do seu comportamento aparecem como produtos das inconsistências internas da escola primária e como característicos de uma profissão semiburocratizada, na

qual as motivações racionais-legais ainda se mostram incapazes de substituir completamente as motivações não burocráticas que entraram em decadência. [...] (p. 84-85)

Essa crise de identidade do professor, constatada por Luiz Pereira na década de 1960, consubstanciada no progressivo desapego dos professores ao modelo mais tradicional da profissão docente associado a uma insuficiente sintonia com os padrões burocráticos emergentes, parece repetir-se agora, em nova versão. Desta vez, o que se verifica é a atitude de resistência do professor e da professora de hoje em face da pressão exercida pelas políticas educacionais mercantis que procuram moldá-los às características do mero "operário" cumpridor de ordens e executor de tarefas automatizadas, cujos paradigmas mais conspícuos são as remunerações por mérito e os chamados "sistemas" de ensino apostilados que fazem a alegria dos negociantes do ensino.

Lídia, professora de História do Fund. II, diz que gosta do trabalho que realiza porque "é um dos poucos trabalhos que você vê realmente o que você faz". Tem consciência da importância de seu papel como professora: "O dia que eu não venho [...] eles estão deixando de aprender alguma coisa. [...] O dia que a escola está fechada é o dia em que vários alunos não comem. Eu tenho muita consciência desse papel social mesmo. Isso aqui é um lugar... é a primeira porta de entrada para tudo."

Ana Alice, professora de História do Fund. II, perguntada como se sente como professora, responde. "Ah!

Eu adoro o que eu faço." Após pequena pausa, acrescenta: "Mas às vezes eu me sinto... Eu acho que hoje está muito difícil, o papel do professor hoje está muito difícil." Mas diz que não perde a esperança, e que está muito feliz na escola em que leciona. Já a professora Maria José, do Fund. I, reclama da desvalorização docente e diz que esta se dá mais, hoje, em virtude da falta de consciência das famílias, mencionando o fato de as famílias serem "desestruturadas" como a causa disso.

Em geral o que une o discurso dos professores é a reclamação contra a falta de reciprocidade por parte dos usuários e da sociedade em geral com relação ao importante trabalho desenvolvido pelos docentes em seu esforço para formar o cidadão. É muito comum, nas conversas a respeito da profissão docente, ouvir o professor ou a professora lamentar-se pela falta de respeito que normalmente se tem por seu trabalho. Vale a pena aqui considerar as ponderações que faz Kwame Anthony Appiah (2012) sobre o significado de "respeito", em seu livro *O código de honra*: como ocorrem as revoluções morais. O autor começa perguntando: "Mas o que queremos dizer com respeito?" e continua:

Dignidade

> Recentemente, o filósofo Stephen Darwall fez uma distinção entre duas maneiras fundamentalmente diversas de se ter respeito por alguém. Uma delas, que ele denomina "respeito por avaliação", significa julgar uma pessoa de

maneira positiva segundo um critério. Sair-se bem em comparação com um padrão significa essencialmente fazer melhor do que a maioria das outras pessoas. É neste sentido que respeitamos Rafael Nadal por sua destreza no tênis ou Meryl Streep por sua atuação. (Também usarei a palavra "estima" para esse respeito.) Wellington dificilmente seria indiferente a esse tipo de respeito. Como soldado, tinha atendido aos mais altos critérios de realização militar. A honra que lhe coube em decorrência disso era competitiva: teve-a por fazer melhor do que os outros. Recebeu a maioria de seus vários títulos por respeito a tais proezas. Mas há outro tipo de respeito, o "respeito por reconhecimento", que significa (em termos abstratos) tratar as pessoas dando um peso adequado a algum fato referente a elas. Quando respeitamos pessoas de poder — um juiz no tribunal, por exemplo, ou um policial quando estamos dirigindo —, nós as tratamos com circunspecção porque têm a capacidade de nos obrigar a fazer determinadas coisas. Nosso respeito *reconhece* o fato daquele poder. Mas também podemos respeitar uma pessoa sensível falando-lhe com brandura, ou, no caso de uma pessoa incapacitada, ajudando-a quando pede auxílio. Em outras palavras, para respeitar as pessoas nesse sentido não é necessário considerá-las em posição especialmente elevada. (p. 31)

Mais adiante, Appiah relaciona esses dois tipos de respeito, o respeito *por avaliação* (ou *estima*) e o respeito *por reconhecimento positivo*, a dois tipos correspondentes de honra, afirmando:

Estes dois tipos de respeito — o respeito por estima e o respeito por reconhecimento positivo — correspondem a dois tipos de honra. Existe a honra competitiva, que vem por graus; mas há também o que poderíamos chamar de "honra entre os pares", que rege as relações entre iguais. (Esta é uma distinção conceitual; não estou dizendo que esses dois tipos de honra estejam sempre compartimentados no uso corrente.) A honra entre os pares não é gradual: ou você tem ou não tem. (p. 32)

Parece que é essa honra articulada ao *respeito por reconhecimento* que os educadores reclamam e a que falta ser levada em conta pela sociedade, na apreciação da importância do trabalho do professor de educação básica. Não é por acaso que Appiah vai dar o nome de *dignidade* a esse tipo de honra:

O que é democrático em nossa cultura atual, portanto, é que agora pressupomos que todos os seres humanos normais, e não apenas os especialmente elevados, têm direito ao respeito. Mas prestar a todos o respeito por reconhecimento é plenamente compatível com prestar maior respeito por avaliação a uns do que a outros, pois são formas diferentes de respeito. A partir de agora, reservarei o termo *dignidade* para uma espécie de honra, a saber, o direito ao respeito por reconhecimento. Assim, podemos dizer: honrar especialmente alguns é compatível com o reconhecimento da dignidade de todos os demais. Essa dignidade não requer as formas comparativas de avaliação, que acompanham formas mais competitivas de honra. Não é algo que você ganha ou conquista, a reação adequada à sua dignidade não é orgulho, e sim o respeito próprio. Afinal, se sua humanidade lhe dá direito ao respeito, então ela lhe dá o direito até de respeitar a si mesmo!

Existem diferenças importantes entre a dignidade, entendida desta maneira, e outras formas de honra, mas todas têm algo importante em comum. Se você não agir de maneira compatível com sua dignidade, as pessoas deixarão de respeitá-lo, e com razão. Você não precisa ganhar sua dignidade humana: não precisa fazer nada de especial para obtê-la. Mas, se não viver à altura de sua humanidade, você pode perdê-la. Neste aspecto, é como a honra real do príncipe Hal, que ele não fez nada para ganhar, exceto nascer, mas que poderia perder se não vivesse de acordo com os critérios que ela acarretava. E se você perde sua dignidade, como no caso da honra, o que você vai sentir é vergonha. (p. 140)

Appiah demonstra em seu livro como esse conceito de honra está envolvido em grandes transformações morais, como o fim do duelo na Inglaterra, a extinção do costume chinês de amarrar os pés das mulheres desde bebês, a abolição da escravidão negra e a atual luta contra o assassinato de mulheres e meninas no Paquistão. Segundo sua tese, uma sociedade passa, às vezes, séculos convivendo e aceitando determinada situação, absurda, irracional e humanamente indefensável, de

Indignação

violação da integridade física e moral de contingentes significativos da população, sem que aparentemente nada pareça justificar a necessidade de mudança aos olhos do senso comum. Mesmo a consciência dessa situação não basta para modificá-la. Em determinado momento, porém, como resultado de uma variedade de causas econômicas, políticas e culturais, começa-se a notar certo incômodo moral com o caráter odioso de tal situação, incômodo esse que cresce e se avoluma, impregnando o senso comum na forma de uma indignação geral que faz com que as pessoas se sintam envergonhadas de conviver com tal situação. Essa indignação é alguma coisa que, embora também fincada na consciência da situação, projeta-se para além desta, ensejando consequências antes inusitadas. Configura-se assim uma verdadeira questão de honra que impulsiona o embate final contra a situação irracional vigente.

Essa reflexão nos remete à situação absurda em que se encontra há tempos a escola pública básica, com condições de trabalho inteiramente inadequadas para professores e alunos, e a correspondente prática de uma didática antediluviana, incapaz de prover a cultura que propicie a formação humano-histórica do educando. Será que a consciência dessa situação, propiciada pela abundância de conhecimento disponível sobre essa dramática realidade, conhecimento esse que tem transbordado até para a imprensa mais conservadora e se mostra explicitamente até para os espíritos mais insensíveis, tem sido insuficiente para orientar medidas tendentes a sua superação? Estaria toda essa evidência que nos entra pelos poros cotidianamente dependente de um sentimento geral de indignação para dar origem a transformações significativas? Isso nos lembra a reflexão que faz Appiah a respeito dos requisitos para superar a estúpida situação da morte por "questão de honra" que existiu no passado em muitas sociedades e ainda persistem em algumas culturas atualmente. Diz ele:

> [...] Continue lembrando às pessoas, de todas as maneiras, que a morte por questão de honra é imoral, ilegal, irracional, irreligiosa. Mas receio que a admissão dessas verdades, por si só, não levará a uma coerência entre o que as pessoas sabem e o que fazem. A morte por questão de honra só findará quando for considerada uma desonra. (Appiah, 2012, p. 178)

Pode-se fazer uma paráfrase com relação à *dignidade* do professor, ou à falta de *respeito* para com a criança. O discurso sobre a forma como a criança é desrespeitada em sua integridade psicossocial só terá poder de mudanças significativas quando a sociedade se sentir ofendida em sua honra pela maneira como são tratados os imensos contingentes infantis deste país. Da mesma forma, é preciso que os professores e todos os interessados na educação escolar orientem suas ações e seus pleitos fundamentados numa profunda convicção na *dignidade* de seu trabalho e numa sincera *indignação* com o descaso e a injustiça com que é tratada a categoria dos educadores. Porque só quando a sociedade se sentir de fato *envergonhada* e ferida em sua honra por causa dessa situação estaremos próximos a alguma mudança de fato.

Capítulo 4

CONCLUSÕES

Em trabalho publicado em 1986 (Paro, 2012a), fiz uma crítica ao caráter conservador da administração escolar vigente, cujo viés principal era a aplicação na escola dos princípios e métodos das empresas mercantis, com inspiração na chamada teoria geral da administração, que, desde os tempos de Frederick Winslow Taylor (1978) e Henri Fayol (1981), no início do Séc. XX, primava pelo estudo das formas de tornar as empresas capitalistas mais eficientes na produção da mais-valia. Por essa mesma época, ou seja, final da década de 1970 e início da de 1980, outros trabalhos (Arroyo, 1979, 1982, 1983; Cury, 1983; Félix, 1984; Gonçalves, 1980; Nosella, 1982; Saviani, 1980; Tragtenberg, 1978, 1985; Zung, 1984) já se ocupavam também dessa crítica, denunciando especialmente o caráter burocrático e dominador de tal maneira de administrar. O alerta feito nessa ocasião a respeito da tendência de radicalização do modo de produzir capitalista na escola chamava a atenção para o risco de descaracterizá-la como instância privilegiada de apropriação da cultura (Paro, 1986, p. 31). Esse alerta se fez ainda mais pertinente, a partir de então, diante da onda neoliberal de "enxugamento" do Estado e de prevalência do interesse privado na sociedade, que se verifica nas últimas décadas.

No caso da administração escolar, constata-se uma verdadeira "fúria gestionária" que procura aplicar na escola e em sua gestão, cada vez mais estritamente, os métodos e técnicas da empresa tipicamente capitalista. Mais e mais indivíduos, vindos do mundo dos negócios e desprovidos de qualquer familiaridade com a educação e com a escola, se põem a dar ideias e a oferecer soluções para os problemas da gestão escolar. Em geral, buscam se fundamentar no discurso empresarial e, em virtude do amadorismo pedagógico antes referido, se sentem seduzidos pelas promessas de medidas milagrosas para tornar efetivo o desenvolvimento administrativo da escola, aderindo à "qualidade total" ao "empreendedorismo" ou a outra moda qualquer que acabe de sair do forno conceitual e ideológico dos gerentes e idealizadores do controle do trabalho alheio.

Como vimos neste livro, essa maneira de tratar os assuntos do ensino público, sobre ser contrária aos próprios princípios de uma sociedade pautada na convivência democrática, é inteiramente inadequada para a eficácia do ensino, precisamente porque labora contra a especificidade do trabalho docente. Este constitui-se em trabalho como outro qualquer em seu sentido geral, pois consiste numa atividade (o labor docente) adequada a um fim (a formação do humano-histórico). Em sua *forma social*, dá-se usualmente como trabalho assalariado, mas não necessariamente trabalho especificamente capitalista, pois, no ensino público, por exemplo, não funciona diretamente como valorização do capital. Em *sua forma concreta*, realiza-se tecnicamente na dependência das condições que são oferecidas ao educando para que este *se* eduque. É imprescindível, portanto, a condição de sujeito (autor) deste (pois ele só aprende se quiser). Daí a necessidade de que essa realização técnica seja subsumida pela realização política, ou seja, na forma de convivência entre sujeitos, em que uma das partes (educador) procura mudar o comportamento da outra (educando). É, portanto, uma autêntica relação de poder social. (Cf. Paro, 2010; Bobbio, 1991; Stoppino, 1991) Mas, também como vimos no decorrer deste livro, a relação pedagógica, para realizar-se, não pode ser uma relação de poder *contra* o outro ou *sobre* o outro, mas uma relação de poder *para* o outro e *com* o outro (Holloway, 2003), ou seja, uma autêntica *relação democrática*.

Essa relação democrática encaixa-se sob medida no atendimento da população em seu direito à apropriação da cultura por meio da instituição escolar. Como tal, a escola tem de atender aos interesses dos cidadãos em geral, não a interesses particulares, muito menos de empresários. Não pode, pois, ser orientada pela razão mercantil. Por isso, o grande desafio para as políticas públicas é encontrar maneiras de constituir sistemas de ensino que verdadeiramente cumpram a magna função de formar personalidades cidadãs, oferecendo os meios necessários para a efetivação da educação escolar, e combater as iniciativas da razão mercantil e do amadorismo pedagógico que tanto têm contribuído para solapar as esperanças nesse sentido.

O perscrutar da realidade exige coragem para reconhecer a ausência, nas políticas públicas educacionais, de um objetivo de formar cidadãos, associado à necessária dimensão de sujeito do estudante da escola fundamental. É preciso reconhecer que não é possível traçar políticas, estabelecer planos, tomar medidas, implantar projetos, orientar ações, sem que se tenha presente a natureza do objeto de trabalho que cumpre transformar para se consumar a realização dos produtos que são a razão de ser do sistema. A necessidade de contemplar esse objetivo e essa dimensão parece tornar insustentável a aplicação da razão mercantil na concepção e implementação de políticas educacionais, pois seus seguidores, ao ignorarem o objetivo último da educação, têm violado o princípio básico da própria Administração que é a adequação entre meios e fins. Como esperar que os procedimentos didático-pedagógicos adotados no nível da unidade escolar e da situação de ensino sejam coerentes com a formação de personalidades humano-históricas, se esse objetivo, nos discursos e nas práticas, é permanentemente ignorado em nível de sistemas, em favor de interesses centrados na lógica do mercado e nas inconsequências do amadorismo pedagógico, como vimos anteriormente?

Um aspecto, intimamente relacionado ao objetivo do ensino, diz respeito à noção de qualidade daí decorrente, bem como dos mecanismos adequados a sua aferição. A boa qualidade de determinado produto está relacionada aos atributos esperados desse produto. No caso da educação escolar, tais predicados dizem respeito a expectativas e interesses individuais e sociais. Se essas expectativas e interesses não consistem mais em apenas conquistar certificados, adequar-se ao emprego ou avançar em ranques de duvidoso valor, então, a verificação da qualidade precisa dizer respeito aos novos atributos relacionados à formação integral do cidadão. Assim, é fundamental que uma política de avaliação da qualidade do produto escolar (o que o aluno aprende ou aprendeu), bem como do desempenho da própria escola e de seus servidores, não pode continuar bastando-se nos abomináveis testes em ampla escala. Em primeiro lugar, se se está realmente interessado nos resultados, a avaliação mais importante de que se deve cuidar é aquela que se dá durante o próprio processo de realização do produto. Além disso, se o objetivo não é mais *guardar* conhecimentos e conceitos, mas *aprender* cultura, a complexidade do produto está a exigir mecanismos de avaliação externa muito mais refinados e inclusivos — na forma de supervisão direta, assessoria técnica e compromisso com a escola — do que a mera fiscalização com o objetivo de buscar culpados que funcionem como álibis para a incompetência do sistema.

    A crítica ao sistema atual de "avaliação" externa não decorre apenas do fato de que tal sistema é incompetente para, de fato, avaliar a educação, já que tal medida é idealizada e executada pelo amadorismo pedagógico para atender à razão mercantil. Também não se trata apenas de dizer que o problema esteja na forma como se usam seus resultados. A avaliação como se apresenta é um mal em si, pois tem funcionado (e foi concebida) como um álibi para não se resolverem os problemas da educação.

A avaliação do trabalho docente deve levar em conta que o trabalho do professor não se confunde com o trabalho do operário, não apenas porque (na escola pública) ele não produz mais-valia (trabalho abstrato), mas também porque seu trabalho concreto (como trabalho necessariamente não forçado) não admite os constrangimentos do trabalho forçado. É por isso que fracassam os sistemas de avaliação por mérito, na base do prêmio e do castigo. A coordenação do esforço humano coletivo, na escola, se faz pelo diálogo, não pela chantagem do poder ou do salário — este, na verdade, uma das formas de poder do proprietário dos meios de produção.

O educador não pode, portanto, exercer uma atividade de autômato (possível na produção capitalista), mas deve, em vez disso, envolver sua vontade numa relação político-democrática. E isso não pode depender de uma recompensa ou constrangimento externos ao próprio ato de ensinar. Assim, a divisão pormenorizada do trabalho, a subordinação real e o controle heterônomo do trabalho alheio, na produção capitalista, degradam o trabalhador, mas favorecem a consecução do objetivo; na produção pedagógica, a degradação do trabalhador impede essa consecução, prejudicando não apenas o professor, mas também o aluno, frustrando, assim, o trabalho da escola.

A administração especificamente escolar precisa seguir o princípio de qualquer administração, ou seja, a coerência entre meios e fins. Esse não é um princípio ético, mas técnico; se os procedimentos relacionados à utilização dos recursos e do esforço humano coletivo não são orientados pelo fim visado, esse fim não se realiza. O que há de singular na administração escolar, portanto, não é o princípio administrativo seguido, mas o fim que se busca atingir.

Quando, ao tratar dos assuntos escolares, a *razão mercantil* viola esse princípio — meticulosamente adotado nas empresas capitalistas e responsável por sua produtividade —, empregando métodos, técnicas e procedimentos importados da administração capitalista (adequados aos interesses do capital, mas não aos fins da educação), há sérias consequências para o desenvolvimento do ensino público. A primeira delas é relativa à queda na eficiência do sistema de ensino, que acaba vendo frustrados até mesmo os pífios objetivos expressos nas "avaliações" feitas em ampla escala. A segunda consequência (que incide solidariamente sobre a primeira) é a adoção, na escola (tanto na relação com educadores quanto na situação de ensino), do estrito controle do trabalho alheio, com relações de mando e submissão próprias da administração capitalista, produzindo a sonegação de condições adequadas de trabalho para uma relação entre sujeitos, muito diversa da relação entre sujeito e objeto prevalecente na produção capitalista.

Quando, da mesma forma, o *amadorismo pedagógico* ignora os avanços das ciências da educação e faz uso de práticas "didáticas" ultrapassadas, com base na competição, na punição, enfim, na relação heterônoma como parâmetros de eficácia — desprezando, assim, a natureza político-democrática da relação pedagógica —, isso constitui também uma violação do princípio básico de adequação de meios a fins, inviabilizando uma administração escolar eficaz, e comprometendo a produtividade escolar.

A aplicação do princípio administrativo de correspondência entre meios e fins e a adoção de um conceito de educação como formação de sujeitos humano-históricos certamente deverão revolucionar o paradigma vigente de gestão democrática da escola, calcado em medidas pontuais que, não obstante seu valor intrínseco, não têm conseguido romper com a estrutura autoritária da escola, concebida historicamente para dar conta de objetivos políticos, culturais e sociais diversos daqueles que aqui consideramos. Trata-se, pois, de buscar novos parâmetros para se conceber e se implementar uma estrutura em termos organizacionais, didáticos e curriculares que favoreça as relações democráticas entre todos os envolvidos no empreendimento escolar.

Outro aspecto relativo à gestão democrática é sua amplitude no interior da escola. A administração como utilização racional de recursos para a realização de fins não pode ficar adstrita aos limites das atividades-meio, como se a situação de ensino, onde se realiza a atividade-fim, fosse um mundo separado da racionalidade na busca de objetivos. É aí que a adequação entre meios e fins deve ser levada a sua acepção mais radical. Falar em gestão democrática da escola sem incluir a democracia na relação entre educador e educando é ignorar que há infinitas formas de autoritarismo dissimulado, e que a que se propõe não é menos autoritária do que a gestão capitalista que tanto repudiamos.

Nesse processo de descaso para com o específico da atividade educativa — atividade esta que estaria a requerer um tratamento diverso daquele dado pela administração mercantil —, até mesmo educadores bem-intencionados acabam por se filiar a essa concepção, vendo o trabalho do professor como outro qualquer e passível de ser aperfeiçoado apenas a partir de receitas prontas que se adquirem na prática. O próprio curso de Pedagogia é descartado porque seu currículo seria "muito centrado em disciplinas de direitos humanos, história da educação, filosofia da educação" (Smosinski, 2012). Assim, a formação do professor deve ser preenchida com a aquisição de métodos, normas, técnicas e conhecimentos "práticos" que o treinem a ensinar efetivamente, como se isso pudesse ser desvinculado de uma atuação como intelectual (Gramsci, 1978b), como ser crítico, que se apropria e reflete sobre o legado histórico-científico da Pedagogia, portando-se como sujeito que, de posse da teoria, faça avançar a prática, a partir de seu empenho e criatividade.

Toda a estrutura da escola que temos foi forjada historicamente para atender aos princípios do ensino tradicional, pautado na crença de que a educação se reduz à transmissão de conhecimentos. Quando, pelo estudo científico da educação, se estabelece que seu fim é a formação de seres humano-históricos pela apropriação da cultura em sua integralidade, torna-se evidente, por um lado, a necessidade de abandonar a concepção restrita de currículo, que se restringe às disciplinas tradicionais e ignora, assim, toda a riqueza de conteúdo da cultura historicamente produzida; por outro, a urgência de superar a centenária estrutura didática, com seus métodos, materiais de ensino, organização de turmas, etc. dispostos para propiciar relações de heteronomia que ignoram a condição de sujeito do estudante e faz tábula rasa dos progressos das ciências da educação.

Tudo isso, por sua vez, se articula com a estrutura organizacional da escola, com suas hierarquias, suas formalidades, seus procedimentos cotidianos de mando e submissão, concebidos também para uma prática educativa tradicional, que não tem como pressuposto a autonomia do educando, construtor de sua personalidade a partir da mediação do educador. Como ser um bom educador, num ambiente em que tudo conspira contra o educativo e contra a cultura da autonomia e do crescimento pessoal e coletivo?

Com relação à coordenação do trabalho na escola, a "fúria gestionária" que se apossou das políticas educacionais parece não ter nenhum escrúpulo em lançar mão dos mesmos princípios e métodos empregados com êxito na habituação e controle do trabalho forçado, típico das relações capitalistas de produção. Essa habituação e esse controle, do ponto de vista da administração especificamente capitalista (identificada ingênua ou ideologicamente como administração "geral"), configura-se, segundo Harry

Braverman (1980), na *gerência* capitalista. A gerência consiste, pois, no controle do trabalho alheio. É a forma pela qual o capital, sob uma aparência técnica, procura resolver o conflito de interesses com o trabalho, escamoteando sua natureza política. A aplicação da gerência capitalista na escola pública fundamental supõe, assim, que entre trabalhadores da educação e o Estado (que representa a própria sociedade) há o mesmo conflito de interesses que há entre capital e trabalho. Chega a ser espantoso constatar a desenvoltura com que secretários de educação e autoridades dos órgãos superiores da administração educacional designam diretores de escola como "gerentes", e até dão nome de "gerência educacional" a órgãos do sistema de ensino ou a divisões regionais de educação.

Se, no entanto, se recupera o princípio fundamental da boa administração que consiste na adequação entre meios e fins, e se toma como fim da escola propiciar uma educação cujo propósito, para além da mera transmissão de conhecimento, seja formar cidadãos autênticos, pela apropriação da herança cultural, então certamente se buscarão formas de gestão do pessoal escolar que, para além do mero controle do trabalho alheio, se torne coordenação democrática do esforço humano coletivo, esta sim consentânea com uma concepção emancipatória de educação. Em termos práticos, a tarefa, portanto, é buscar uma forma de coordenar a atividade do trabalhador do ensino que, substituindo o heterônomo controle externo em vigor, esteja mais de acordo com suas funções e autonomia, na direção de uma maior produtividade. É assim que o estudo da educação como processo de trabalho, ao identificar as reais dimensões da atividade educativa, diferenciando-a do trabalho da produção econômica em geral, oferece subsídios valiosos para se idealizar uma coordenação do trabalho coletivo escolar que esteja de acordo com os fins educativos.

REFERÊNCIAS

APPIAH, Kwame Anthony. *O código de honra*: como ocorrem as revoluções morais. São Paulo: Companhia das Letras, 2012.

ARAÚJO, Gilda Cardoso de; FERNANDES, Caroline Falco Reis. Qualidade do ensino e avaliações em larga escala no Brasil: os desafios do processo e do sucesso educativo na garantia do direito à educação. *Revista Iberoamericana de Evaluación Educativa*, v. 2, p. 124-140, 2009.

ARROYO, Miguel. Administração da educação, poder e participação. *Educação & Sociedade*, Campinas, n. 2, p. 36-46, jan. 1979.

ARROYO, Miguel. Dimensões da supervisão educacional no contexto da práxis educacional brasileira. *Cadernos de Pesquisa*, São Paulo, n. 41, p. 28-37, maio 1982.

ARROYO, Miguel. A administração da educação é um problema político. *Revista Brasileira de Administração da Educação*, Porto Alegre, v. 1, n. 1, p. 122-129, jan./jun. 1983.

ARROYO, Miguel G. *Mestre, educador, trabalhador*: organização do trabalho e profissionalização. 1985. Tese (Titular em Educação) — Faculdade de Educação, Universidade Federal de Minhas Gerais, Belo Horizonte.

BECKER, Gary S. Investment in human capital: a theoretical analysis. In: UNESCO. *Readings in the economic oneducation*. Paris: Unesco, 1968. p. 505-523.

BERGER, Peter L.; LUCKMANN, Thomas. *A construção social da realidade*: tratado de sociologia do conhecimento. Petrópolis: Vozes, 1973.

BLAUG, Mark. *Introdução à economia da educação*. Porto Alegre: Globo, 1975.

BOBBIO, Norberto. Política. In: BOBBIO, Norberto; MATTEUCCI, Nicola; PASQUINO, Gianfranco. *Dicionário de política*. 3. ed. Brasília: UnB, 1991. v. 2, p. 954-962.

BOURDIEU, Pierre. *A distinção*: crítica social do julgamento. Porto Alegre: Zouk, 2015.

BRAVERMAN, Harry. *Trabalho e capital monopolista*. 2. ed. Rio de Janeiro: Zahar, 1980.

CURY, Carlos Roberto Jamil. Administrador escolar: seleção e desempenho. *Revista Brasileira de Administração da Educação*, Porto Alegre, v. 1, n. 1, p. 139-146, jan./jun. 1983.

DARDOT, Pierre; LAVAL, Christian. *A nova razão do mundo*: ensaio sobre a sociedade neoliberal. São Paulo: Boitempo, 2016. 411 p.

ESTEBAN, Maria Teresa. Provinha Brasil: desempenho escolar e discursos normativos sobre a infância. *Sísifo. Revista de Ciências da Educação*. Lisboa, n. 9, p. 47-55, maio/ago. 2009.

EZPELETA, Justa; ROCKWELL, Elsie. *Pesquisa participante*. São Paulo: Cortez, 1986.

FAYOL, Henri. *Administração industrial e geral*. 9. ed. São Paulo: Atlas, 1981.

FÉLIX, Maria de Fátima Costa. *Administração escolar*: um problema educativo ou empresarial? São Paulo: Cortez; Autores Associados, 1984.

FREIRE, Paulo. *Pedagogia do oprimido*. 2. ed. Rio de Janeiro: Paz e Terra, 1975.

GONÇALVES, Maria Dativa de Salles. *Dimensões críticas no estudo da especificidade da administração educacional*. 1980. Dissertação (Mestrado em Educação) — Setor de Educação, Universidade Federal do Paraná, Curitiba.

GRAMSCI, Antonio. *Maquiavel, a política e o Estado moderno*. 3. ed. Rio de Janeiro: Civilização Brasileira, 1978a.

GRAMSCI, Antonio. *Os intelectuais e a organização da cultura*. 2. ed. Rio de Janeiro: Civilização Brasileira, 1978b.

HOLLOWAY, John. *Mudar o mundo sem tomar o poder*. São Paulo: Viramundo, 2003.

LEONTIEV, Alexis. *O desenvolvimento do psiquismo*. 2. ed. São Paulo: Centauro, 2004.

MARX, Karl. *Contribuição à crítica da economia política*. São Paulo: Martins Fontes, 1977.

MARX, Karl. *O capital, livro I, capítulo VI (inédito)*. São Paulo: Ciências Humanas, 1978.

MARX, Karl. *O capital*: crítica da economia política. São Paulo: Abril Cultural, 1983. v. 1, t. I e II.

MAZZOTTI, Tarso B. *Educação como tecnologia:* ensaio sobre as transformações do trabalho docente. 1979. Dissertação (Mestrado em Educação) — Faculdade de Educação, Universidade Federal de São Carlos, São Carlos.

MONDOLFO, Rodolfo. *Problemas de cultura e de educação*. São Paulo: Mestre Jou, 1967.

NOSELLA, Paolo. A dialética da administração escolar. *Educação & Sociedade*, Campinas, n. 11, p. 92-98, jan. 1982.

PACHECO, José. *Pequeno dicionário de absurdos em educação*. Porto Alegre: Artmed, 2009.

PARO, Vitor Henrique. A administração de escolas de 1º e 2º graus e a natureza do processo de produçãopedagógico. *Cadernos de Pesquisa*, São Paulo, n. 59, p. 27-31, nov. 1986.

PARO, Vitor Henrique. *Qualidade do ensino*: a contribuição dos pais. São Paulo: Xamã, 2000.

PARO, Vitor Henrique. *Reprovação escolar*: renúncia à educação. 2. ed. São Paulo: Xamã, 2003.

PARO, Vitor Henrique. *Gestão escolar, democracia e qualidade do ensino*. São Paulo: Ática, 2007.

PARO, Vitor Henrique. *Educação como exercício do poder*: crítica ao senso comum em educação. 2. ed. São Paulo: Cortez, 2010.

PARO, Vitor Henrique. *Crítica da estrutura da escola*. São Paulo: Cortez, 2011.

PARO, Vitor Henrique. *Administração escolar*: introdução crítica. 17. ed. rev. ampl. São Paulo: Cortez, 2012a.

PARO, Vitor Henrique. Interferências privadas na escola básica: sequestro do público e degradação do pedagógico. In: TOMMASIELLO, Maria Guiomar Carneiro et al. *Didática e práticas de ensino na realidade escolar contemporânea*: constatações, análises e proposições. Araraquara: Junqueira & Marin, 2012b. p. 85-95.

PARO, Vitor Henrique. *Diretor escolar*: educador ou gerente? São Paulo: Cortez, 2015.

PARO, Vitor Henrique. *Por dentro da escola pública*. 4. ed. rev. São Paulo: Cortez, 2016 [1. ed. em 1995]

PEREIRA, Luiz. *A escola numa área metropolitana*. São Paulo: Pioneira, 1967.

PIAGET, Jean. *Seis estudos de Psicologia*. Rio de Janeiro: Forense, 1971.

PIAGET, Jean. *O juízo moral na criança*. 3. ed. São Paulo: Summus, 1994.

RADICE, Lucio Lombardo. *Educação e revolução*. Rio de Janeiro: Civilização Brasileira, 1968.

RAVITCH, Diane. *Vida e morte do grande sistema escolar americano*: como os testes padronizados e o modelo de mercado ameaçam a educação. Porto Alegre: Sulina, 2011.

ROCKWELL, Elsie; MERCADO, Ruth. *La escuela, lugar de trabajo docente*. México: Departamento de Investigaciones Educativas, 1986.

SÁ, Nicanor Palhares de. O aprofundamento das relações capitalistas no interior da escola. *Cadernos de Pesquisas*, n. 57, p. 20-29, maio 1986.

SAVIANI, Dermeval. Eleição do diretor de escola numa sociedade em crise: In: SAVIANI, Dermeval. *Educação*: do senso comum à consciência filosófica. São Paulo: Cortez; Autores Associados 1980. p. 189-191.

SAVIANI, Dermeval. Trabalhadores em educação e crise na universidade. In: SAVIANI, Dermeval. *Ensino público e algumas falas sobre universidade*. São Paulo: Cortez; Autores Associados, 1984. p. 74-86.

SCHULTZ, Theodore W. Investment in human capital. *The American Economic Review*. v. 51, n. 1, p. 1-17, mar. 1961a.

SCHULTZ, Theodore W. *O valor econômico da educação*. Rio de Janeiro, Zahar, 1961b.

SCHULTZ, Theodore W. *O capital humano*: investimento em educação e pesquisa. Rio de Janeiro: Zahar, 1973.

SMITH, Adam. *A riqueza das nações*. 2. ed. São Paulo: Martins Fontes, 2010. 2 v.

SMOSINSKI. Suellen. Para Cybele Amado, cursos de pedagogia "não deveriam mais existir no Brasil". *UOL Educação*. [São Paulo], 21 dez. 2012. Disponível em: <http://educacao.uol.com.br/noticias/2012/12/21/para-cybele-amado-cursos-de-pedagogia-nao-deveriam-mais-existir-no-brasil.htm>. Acesso em: 25 jun. 2018.

STOPPINO, Mario. Poder. In: BOBBIO, Norberto; MATTEUCCI, Nicola; PASQUINO, Gianfranco. *Dicionário de política*. 3. ed. Brasília: UnB, 1991. v. 2, p. 933-943.

TARDIF, Maurice; LESSARD, Claude. *O trabalho docente*: elementos para uma teoria da docência como profissão de interações humanas. 7. ed. Petrópolis: Vozes, 2012.

TAYLOR, Frederick Winslow. *Princípios de administração científica*. 7. ed. São Paulo: Atlas, 1978.

THIOLLENT, Michel J. M. *Crítica metodológica, investigação social & enquete operária*. 5. ed. São Paulo: Polis, 1987.

TRAGTENBERG, Maurício. A escola como organização complexa. In: GARCIA, Walter Esteves (Org.). *Educação brasileira contemporânea*: organização e funcionamento. São Paulo: McGraw-Hill; Fename, 1978. p. 15-30.

TRAGTENBERG, Maurício. Relações de poder na escola. *Educação & Sociedade*, Campinas, n. 20, p. 40-45, jan./abr. 1985.

VIGOTSKI, L. S. *A construção do pensamento e da linguagem.* São Paulo: Martins Fontes, 2001.

VYGOTSKY, Lev Semyonovich. *A formação social da mente.* 3. ed. São Paulo: Martins Fontes, 1989.

WALLON, Henri. *As origens do caráter na criança. Os prelúdios do sentimento de personalidade.* São Paulo: Difel, 1971.

WALLON, Henri. *As origens do pensamento na criança.* São Paulo: Manole, 1988.

WALLON, Henri. *A evolução psicológica da criança.* São Paulo: Martins Fontes, 2007.

ZUNG, Acácia Zeneida Kuenzer. A teoria da administração educacional: ciência e ideologia. *Cadernos de Pesquisa*, São Paulo, n. 48, p. 39-46, fev. 1984.

LEIA TAMBÉM

POR DENTRO DA ESCOLA PÚBLICA

Vitor Henrique Paro

4ª edição obra revista (2018)

400 páginas

ISBN 978-85-249-2503-0

Uma das obras mais fascinantes do educador Vitor Paro é apresentada agora em sua quarta edição revisada. A riqueza do humano e a gravidade dos problemas do dia a dia de nossas escolas vêm à tona de forma pungente, levando o leitor a atitudes de não indiferença diante do descaso público pela escola fundamental. Um livro que informa, emociona e faz pensar. Provoca reflexão e tomada de consciência tanto de educadores quanto do público em geral. Como afirma o próprio autor, "a luta pelo alcance de uma escola pública que consiga dotar a população de um mínimo de saber compatível com uma vida decente não é responsabilidade desta ou daquela pessoa ou instituição, mas de todos os cidadãos de uma sociedade civilizada

LEIA TAMBÉM

DIRETOR ESCOLAR: educador ou gerente?
Coleção Questões da nossa época - vol. 56

Vitor Henrique Paro

1ª edição (2016)

128 páginas

ISBN 978-85-249-2316-6

Como esperar que os procedimentos didático-pedagógicos adotados no interior da escola sejam coerentes com a formação de personalidades humano-históricas? É razoável permitir que a fúria gestionária vigente, comprometida com os interesses mercantis, continue a pautar a forma de dirigir as escolas, reduzida esta ao controle do trabalho alheio e à responsabilização dos trabalhadores da educação pelos erros do sistema? Estas são algumas das questões discutidas neste novo livro de Vitor Paro, que, com a lucidez e a clareza sempre presentes em suas obras, busca examinar em profundidade o papel técnico-político do diretor da escola básica.

GRÁFICA PAYM
Tel. [11] 4392-3344
paym@graficapaym.com.br